기독교학교의 미래 전망

기독교학교의 미래 전망

지은이: 박상진, 김창환, 김재웅, 강영택
기 획: 기독교학교교육연구소
펴낸이: 원성삼
펴낸곳: 예영커뮤니케이션
초판 1쇄 발행: 2015년 4월 23일
출판신고 1992년 3월 1일 제2-1349호
136-825 서울시 성북구 성북로6가길 31
Tel (02)766-8931 Fax (02)766-8934

ISBN 978-89-8350-913-0 (04230)
       978-89-8350-572-9(세트)

정가 12,000원

www.jeyoung.com

이 도서의 국립중앙도서관 출판예정도서목록(CIP)은 서지정보유통지원시스템
홈페이지(http://seoji.nl.go.kr)와 국가자료공동목록시스템(http://www.nl.go.
kr/kolisnet)에서 이용하실 수 있습니다.(CIP제어번호: CIP2015010754)

 모든 인간은 하나님의 형상을 닮은 존엄한 존재입니다. 전 세계의 모든 사람들은
인종, 민족, 피부색, 문화, 언어에 관계없이 존귀합니다. 예영커뮤니케이션은 이
러한 정신에 근거해 모든 인간이 존귀한 삶을 사는 데 필요한 지식과 문화를 예
수 그리스도의 사랑으로 보급함으로써 우리가 속한 사회에 기여하고자 합니다.

기독교학교교육연구소는 교육의 본질과 방향을 제시하며, 현장의 필요에 응답하
는 연구, 나눔과 성장이 있는 연수, 왜곡된 교육을 변혁하는 운동을 통해 하나님
의 교육이 가득한 세상을 이루어 갑니다. 이를 위해 기독교대안학교의 성장과 성
숙, 기독교사립학교의 회복과 갱신, 공교육에 기독교적 대안 제시, 교육 회복의 주체인 기독학
부모 세우기, 가정과 학교를 연계하는 교회교육의 모색 등의 사역을 감당하고 있습니다.

기독교학교의 미래 전망

기독교학교교육연구소 기획
박상진·김창환·김재웅·강영택 지음

예영커뮤니케이션

서문

오늘날 기독교학교는 위기에 직면해 있다. 1885년에 아펜젤러와 언더우드가 선교사로 이 땅에 와서 기독교학교를 시작한 이래 130년 동안 숱한 어려움이 있어 왔지만 오늘의 현실은 그 어떤 시대보다도 기독교학교가 지속적으로 성장하고 본래의 정체성을 구현하기가 쉽지 않은 상황이다. 기독교학교를 항해하는 선박에 비유한다면 엄청난 파도에 직면해 있는 것이다. 문제는 파도가 잠잠해지는 것이 아니라 미래에는 더 큰 파도가 몰려오고 있는 것이다.

첫째, 우리나라 학령인구의 감소는 교육 전반을 크게 위축시키고 학교의 구조조정을 요청할 것이다. 기독교학교도 예외는 아니다. 일반 학교들도 폐교한 학교가 많지만 기독교학교도 문을 닫는 학교가 속출하고 있다. 둘째, 탈종교화 현상이 종교계 학교를 위축시키고 있다. 최근 한국갤럽이 지난 30년 동안의 종교인구 변동을 조사하여 발표한 "한국인의 종교"에 따르면 전체적으로 종교인구가 감소하고 있고, 특히 30대, 20대로 연령이 낮아지면서 종교인구 비율이 38%, 31%로 감소하고 있는데, 지난 10년 사이에 무려 11%, 14%가 줄어든 수치이다. 개신교의 경우는 반기독교적 정서와 함께 이러한 경향이 심화되고 있으며, 이는 기독교학교의 미래를 어둡게 하고 있다. 셋째, 공교육의 강화로 인한 사립학교의 위축으로 발생하는 영향이다. 이미 무상교육, 무상급식 논쟁에서 알 수 있듯이 교육을 국가의 사명으로 인식하고 모든 교육을 국가가 통제하려는 경향은 갈수록 심화될 것이다. 국가가 교육의 책무성을 인식하는 것은 바람직하지만 사립학교의 존립 기반을 무너뜨리고 국가주도적 교육만을 공교육으로 인정하려는 변화는 향후 기독교학교를 비롯한 사립학교의 자율성을 심각하게 위축시킬 것이다. 넷째, 미래 사회의 급격한 변화는 전통적인 학교식 교육에 대한 변화를 요청하고 있다. 수세기 동안 존속되어 온 학교체제와 주입식으로 이루어져 온 수업형태가 그 패러다임이 바뀌지 않는 한 미래 세대를 감당할 수 없기 때문이다. 최근 교육계에서 관심을 갖고 받아들이는 '거꾸로 교실'은 그 한 예에 불과하다. 기독교학교가 이런 변화에 적극적으로 대응하지 않으면 '교육 지체 현상'의 한계를 경험하게 될 것이다. 다섯째, 미래에 대한 예측이나 현실에 대한 분석 없이 무분별하게 기독교학교를 설립하는 소위 무계획성이 갖는 위험이다. 기독교학교의 설립은 중, 장기적으로 계획되고 준비되어야 하며, 전체 지역에 균형있는 기독교교육이 실천되도록 하는 종합적인 청사진 속에서 이루어져야 하는데 소위 주먹구구식의 접근이 이루어진다면 기독교학교는 혼란을 경험할 수밖에 없을 것이다.

　『기독교학교의 미래 전망』은 우리나라 기독교학교에 대한 최초의 미래보고서라고 할 수 있다. 향후 기독교학교가 직면하게 될 위기를 직시하면서 그 위기를 어떻게 극복할 수 있을 것인가를 진지하게 탐구하는 책이다. "인구통계 전망에 따른 기독교학교의 미래 분석"에서는 구체적인 기독교학교 대상 인구의 변화를 전망하면서 향후 기독교학교가 어떤 전략으로 응전할 것인지를 제시하고 있다. 기독교학교들을 대상으로 한 설문조사 분석은 구체적인 현실진단과 미래계획 수립을 가능케 할 것이다. "공교육의 변화와 기독교학교의 대응"은 우리나라의 공교육이 향후 어떻게 변화해 갈 것인지를 예측하면서 기독교학교의 방향을 제안하고 있다. "미국 기독교학교의 전개과정, 최근 쟁점 그리고 시사점"은 우리나라보다 먼저 기독교학교의 위기를 경험한 미국의 사례를 분석함으로 한국 기독교학교에 주는 함의를 파악하고 있다. 그리고 "미래 사회가 요구하는 핵심 역량과 기독교학교의 과제"는 역량중심 교육의 관점에서 미래 사회의 요구에 부응하는 기독교학교의 교육이 어떠해야 함을 성찰하고 있다.

귀한 원고를 집필해 주신 한국교육개발원 선임연구원 김창환 박사님, 서강대학교 김재웅 교수님, 우석대학교 강영택 교수님께 깊은 감사를 드리며, 이 책의 편집을 위해서 수고해 준 기독교학교교육연구소의 노현욱 연구원을 비롯한 모든 연구원들에게 고마움을 전한다. 그리고 더 좋은 책이 되도록 정성을 다하는 예영커뮤니케이션 원성삼 대표님께도 감사를 드린다. 이 책을 통해 희망이 보이지 않는 것 같은 현실 속에서도 기독교교육의 사명을 감당하는 모든 기독교학교 공동체 구성원들이 미래에 대한 새로운 확신과 소명을 발견할 수 있게 되기를 소망한다.

집필진을 대표해서
기독교학교교육연구소 소장 박상진

차례

| 2장 | 공교육의 변화와 기독교학교의 대응 _____

| 4장 | 미래 사회가 요구하는 핵심 역량과 기독교학교의 과제 _____

1장

인구통계 전망에 따른
기독교학교의 미래 분석[1]

박상진 교수
장로회신학대학교, 기독교 교육학

I. 들어가는 말

한국의 기독교학교는 중첩적인 위기 속에 있다. 이 위기는 크게 네 종류로 나누어 생각할 수 있다. 첫째, 국가의 공교육 강화 정책 속에서 자율성을 확보하는 데에 있어서 어려움을 경험하고 있다. 기독교 사립학교는 1974년 평준화 정책 이후에 '준공립화'된 상태에서 기독교학교로서의 정

---

1 본 글은 2014년 11월 29일 기독교학교교육연구소에서 "기독교학교의 미래 전망"을 주제로 개최한 학술대회에서 발표하였고, 후에 「장신논단」 제47호 1권(2015. 3) 311-344에 요약하여 게재한 것을 수정, 보완하여 이 책에 수록하게 되었음을 밝힌다.

체성을 지속적으로 유지하는 것이 거의 불가능하다. 이를 해결하기 위한 하나의 방안으로 고려되었던 자율형 사립고는 그 제도가 시행된 지 불과 5년 만에 존폐의 기로에 서 있다. 기독교대안학교도 교육부의 인가제 또는 등록제의 요구 앞에서 향후 기독교학교의 건학이념을 구현하기가 쉽지 않을 수 있다는 전망을 하고 있다. 둘째, 미래 사회의 급격한 변화에 부응해야 하는 요구에 직면해 있다. 전 세계의 지구촌화는 글로벌 교육을 요청하고 있으며 정보통신 산업의 발달은 교육방법의 혁신을 요구하고 있다. 전통적인 교과중심의 교육으로는 변화하는 미래 사회에 적응할 수 없고 창의력과 상상력, 융합과 통섭 그리고 태도와 역량의 중요성이 어느 때보다도 강조되고 있다. 일반 학교와 다를 바 없이 기독교학교도 이러한 미래의 도전에 응전해야 하는 위기 속에 있는 것이다. 셋째, 기독교에 대한 부정적인 인식의 확산이다. 한국교회 초창기에는 기독교인의 수가 많지 않았어도 기독교에 대한 긍정적인 이미지로 기독교가 국가와 민족을 위한 공적 역할을 수행하였고 교육적 영향력을 발휘할 수 있었다. 그러나 지금은 한국교회의 대 사회적 신뢰도가 저하되고 있으며 반기독교적인 정서가 확산되고 있다. 그리고 이는 기독교학교에 대해 부정적인 이미지를 갖게 되는 한 요인이 되고 있다. 이는 기독교학교가 존립할 수 있는 종교적 기반을 약화시키는 위기적 요인이 되고 있는 것이다. 그런데 이러한 세 가지 요인보다 더 직접적으로 기독교학교를 위기 상황으로 내몰고 있는 것은 학령인구의 급격한 감소 현상이다. 이것은 기독교학교만이 겪게 되는 위기 현실이 아니라 모든 학교가 공통적으로 경험하게 될 수밖에 없는 현상이다. 한국의 저출산, 고령화 현상은 벌써부터 수많은 학교들이 폐교하는 제일 큰 원인이 되고 있는데 기독교학교도 이러한 위협에 그대로 노출되어 있다고 할 수 있다. 물론 학령인구의 감소 현상이 같은 비율로 기독교학교 학생 수 감소 현상으로 연결되는 것은 아니다. 기독교학교의 증감 요인에는 인구 감소 요인 외에 다양한 요소들이 작용할 수 있기 때문이다.

본 연구는 이상의 기독교학교가 직면한 위기 중에서 특히 학령인구 추이에 따른 위기에 주목하면서 인구통계학적 분석을 통해 향후 학령별 인구 변화를 예측하며, 동시에 기독교인 수의 추이 및 교회학교 학생 수 추이를 분석하면서 기독교학교의 수요를 분석하려고 한다. 그리고 기독교 대안학교와 학생이 지원하는 방식을 띠고 있는 자립형 사립학교를 비롯한 기독교 사립학교들을 대상으로 지난 10년간의 지원자 수 추이 분석, 향후 충원 변화에 대한 예측 분석 등을 통해 보다 정확한 기독교학교의 향후 변화를 파악하려고 한다. 오늘날 기독교학교들이 활발하게 설립되고 있지만 종합적인 미래 계획이 수립되어 있지 않다. 뿐만 아니라 향후 미래 변화를 예측하면서 기독교학교의 수요, 공급을 조정하는 어떤 기능도 수행되고 있지 않다. 특히 많은 기독교학교들이 비인가 형태로 존재하기 때문에 정부는 기독교학교의 현황조차 제대로 파악하고 있지 못하는 실정이다. 이런 상황 속에서 정부가 기독교학교에 대한 합리적인 미래 청사진을 제시해 주기를 기대하는 것은 어불성설일 것이다. 또한 개별 기독교학교들이 향후의 미래를 전망하면서 기독교학교의 수요와 공급을 예측하는 것도 쉬운 일이 아니다. 이는 기독교학교 공동체의 몫이며 한국교회가 공동체적으로 대처해야 할 과제가 아닐 수 없다. 기독교학교에 대한 미래 종합계획은 매우 중요한 의미를 담고 있다. 미래 전망이 정확할 수는 없어도 그래도 기독교학교의 수요와 공급에 대한 개략적인 예측과 지역별 분포에 대한 종합적인 파악을 통해 보다 지속적이고 균형잡힌 기독교학교의 발전을 도모할 수 있을 것이다. 본 연구는 인구통계적인 변화에 근거한 기독교학교의 미래 예측에 대한 의미있는 시도가 될 것이다.

II. 인구 추이에 따른 학령별 인구의 변화

우리나라는 오늘날 세계에서 그 유례를 볼 수 없을 정도로 급격하게 저
출산, 고령화 사회로 변화해 가고 있다. 1970년의 출산율이 4.53명인 것
이 1983년에 인구대체 수준인 2.1명으로 감소하였고, 그 이후 지속적으
로 하락하여 1990년에는 1.60명, 2000년에는 1.47명 그리고 2009년에는
1.15명으로 세계 최저 수준으로 감소하였다([그림 1-1] 참조).[2] 이러한 수치는
OECD 평균인 1.71명보다 크게 못 미치며, 선진국인 미국이 2.09명, 프랑
스 2.0명, 영국 1.96명, 스웨덴 1.91명에 비교해 볼 때에도 상대적으로 크

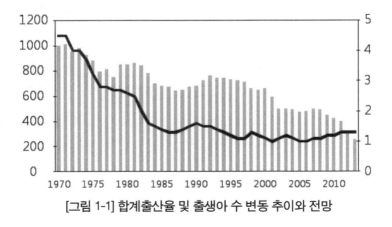

[그림 1-1] 합계출산율 및 출생아 수 변동 추이와 전망

---

2 대한민국 정부, 〈2011-2015, 제2차 저출산, 고령사회 기본계획: 새로마지 플랜 2015〉,
2013, 6.

게 낮은 수치이다. 고령화도 빠른 속도로 진행되어 2050년이 되면 우리나라 노인 인구의 비율은 38.2%에 이르게 될 전망이다. 이는 유럽 북미 등 선진국의 노인 인구의 평균 비율이 25.9%인 것과 비교해 보면 월등히 높은 수치임을 알 수 있다. 이러한 추세가 지속되면 2017년에 생산인구가 감소하기 시작하고, 2018년에 65세 이상 인구가 14% 이상을 차지하는 고령사회에 진입하게 되며, 2019년에는 총인구가 감소하게 되는 등 심각한 인구변화가 초래될 것이다.

이러한 저출산, 고령화 현상으로 인해 학령인구는 지속적으로 감소하고 있다. 아래의 도표에서 볼 수 있듯이 0-14세의 아동 인구 수는 지난 1970년대 이후부터 계속해서 감소하여, 아동 인구가 전체 인구 속에서 차지하는 비율이 1970년도의 42.5%에서 1980년도는 34.0%, 1990년도에는 25.6%, 2000년도에는 21.1% 그리고 2010년도에는 16.1%까지 낮아졌다. 향후에도 감소현상은 지속되리라고 보며 2050년도에는 10.0%가 채 못되는 현상까지 나타나리라고 예측되고 있다. 이는 2010년에 798만 명인 것이 2060년에는 447만 명으로 거의 절반 가까이 감소하게 됨을 의미한다.

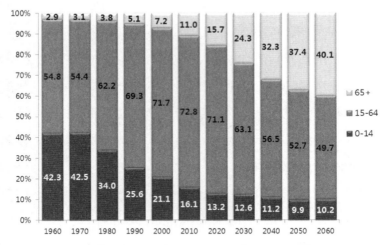

[그림 1-2] 0-14세 아동 인구 추이: 1960-2060[3]

　　이러한 인구통계 전망에 따르면 2016년에는 0-14세의 아동 인구가 654
만 명인 것에 비해 65세 이상의 노인인구가 659만 명이 되어 [그림 1-3]과
같이 소위 '인구역전현상'이 발생하게 된다. 자라나는 세대가 노년 인구보
다 더 적어지게 되는 것이다.

3　통계청, 장래인구 추계: 2010-2060, 2011, 12, 7.

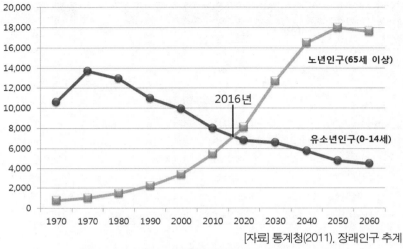

[자료] 통계청(2011). 장래인구 추계

[그림 1-3] 한국의 저출산 및 고령화로 인한 인구 추이

이러한 연령별 인구의 변화 추이를 좀 더 자세하게 살펴보면 아래의 〈표 1-1〉과 같다. 이 추계 인구표는 연령을 5세 단위로 구분할 때 2010년도부터 2050년도까지의 인구변화를 예측한 결과를 나타내고 있다. 전체 인구가 2020년까지는 약간 상승하다가 지속적으로 감소하게 되는데, 보다 심각한 것은 아동, 청소년 인구의 급속한 감소 현상이다.

〈표 1-1〉 연령별(전국) 추계인구 (2010-2050)

연령별(전국)	2010	2020	2030	2040	2050
계	48,874,539	49,325,689	48,634,571	46,343,017	42,342,769
0-4세	2,201,465	1,919,300	1,815,629	1,398,120	1,159,021
5-9세	2,517,298	2,050,833	1,836,282	1,606,387	1,238,746
10-14세	3,188,145	2,148,028	1,873,425	1,772,722	1,365,314
15-19세	3,402,266	2,439,986	1,988,684	1,781,161	1,588,454
20-24세	3,113,166	3,111,552	2,097,211	1,829,895	1,732,074
25-29세	3,720,641	3,359,827	2,411,879	1,966,570	1,762,002

연령별(전국)	2010	2020	2030	2040	2050
30-34세	3,828,448	3,085,598	3,087,235	2,082,471	1,818,163
35-39세	4,270,214	3,684,395	3,332,959	2,394,632	1,954,366
40-44세	4,184,430	3,766,996	3,042,560	3,049,122	2,059,522
45-49세	4,191,988	4,180,791	3,619,510	3,282,339	2,363,378
50-54세	3,907,712	4,095,839	3,705,948	3,004,592	3,020,697
55-59세	2,805,204	4,069,941	4,087,286	3,557,272	3,239,690
60-64세	2,186,709	3,711,478	3,925,256	3,576,827	2,915,585
65-69세	1,811,334	2,580,776	3,791,545	3,849,797	3,380,238
70-74세	1,526,896	1,908,063	3,314,792	3,571,336	3,303,187
75-79세	1,066,945	1,429,479	2,123,530	3,208,091	3,342,112
80세 이상	951,678	1,782,807	2,580,840	4,411,683	6,130,220

[출처] 이삼식, 인구 변동과 교육, 2011.

이 도표에서 볼 수 있듯이 65세 이상의 노령인구는 지속적으로 증가하여 2050년대에는 지금보다 두 배 이상 증가하는 것에 비해서, 학령인구는 지속적으로 감소하여 현재의 절반 이하로 줄어들게 될 것으로 예측된다. 이러한 학령인구의 변화를 각급 학교별로 좀 더 자세히 살펴보면 〈표 1-2〉와 같다.

〈표 1-2〉 2014년 교육기본통계[4]

	전체학생	초등학생	중학생	고등학생	기타[4]
2005	7,842,903	4,022,801	2,010,704	1,762,896	46,502
2006	7,822,527	3,925,043	2,075,311	1,775,857	46,316
2007	7,782,667	3,829,998	2,063,159	1,841,374	48,136
2008	7,664,215	3,672,207	2,038,611	1,906,978	46,419
2009	7,494,603	3,474,395	2,006,972	1,965,792	47,444
2010	7,284,295	3,299,094	1,974,798	1,962,356	48,047
2011	7,036,504	3,132,477	1,910,572	1,943,798	49,657
2012	6,771,039	2,951,995	1,849,094	1,920,087	49,863
2013	6,529,196	2,784,000	1,804,189	1,893,303	47,704
2014	6,333,570	2,728,509	1,717,911	1,839,372	47,778

지난 2005년부터 2014년까지의 초등학생 수의 변화를 살펴보면 400만 명이 넘는 학생 수가 280만 명 이하로 줄어들었고, 중학생의 경우도 201만 명에서 180만 명 이하로 감소하였다. 고등학생의 경우는 2009년까지는 소폭 증가하다가 그 이후로는 지속적으로 감소하는 현상을 보이고 있다(그림 1-4 참조). 향후 2020년까지의 학교급별 학령인구의 변화 추이를 살펴보면 2011년을 기점(100%)으로 볼 때 초등학생은 83%, 중학생은 72.9% 그리고 고등학생은 66.4%로 감소하는 것으로 예측된다. 불과 10년 사이에 20-30%가 감소한다는 것은 매우 큰 폭의 감소로서 '급감'이라는 표현이 더 적절할 것이다.

---

4 2014년 8월 29일 교육부 보도자료 "2014년 「교육기본통계」조사 결과 발표"
5 기타는 특수학교, 공민학교, 고등공민학교, 고등기술학교, 각종 학교, 방송통신 중·고등학교 포함

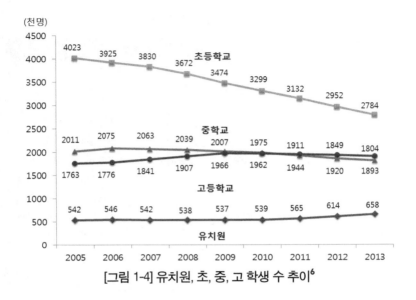

[그림 1-4] 유치원, 초, 중, 고 학생 수 추이[6]

III. 기독교인 인구의 감소 및 기독교 학령인구의 감소

출산율의 저하로 인해 학령기 아동의 인구가 급격하게 감소하는 것과 더불어서 기독교학교의 미래에 중요한 영향을 미치는 인구통계학적 요인은 기독교인의 감소 현상이다. 이는 전체 인구변동에도 영향을 받지만 반기독교적 사회적 분위기와 기독교의 신뢰도 약화에도 영향을 받는 것으로 보여진다. 이러한 현상이 다른 종교 인구보다도 기독교 인구가 상대적으로 더 많이 감소하는 결과로 나타나고 있다. 통계청이 발표한 2005년 "인구주택총조사"에 따르면, 우리나라 총 인구 4천7백28만 명 가운데

---

6   교육부, 한국교육개발원, 2013년 교육기본통계 조사결과 발표, 2014. 9.

53.1%에 해당하는 2천4백97만 명이 종교인구인데, 기독교(개신교) 인구는 전체의 18.3%에 해당하는 8백76만 명인 것으로 나타났다. 이는 불교가 22.8%인 것에 비해 상대적으로 낮은 수치일 뿐만 아니라, 1995년을 기준으로 할 때, 천주교가 무려 74.4% 증가하고, 불교가 3.9% 증가한 것에 비해, 기독교는 오히려 -1.6% 감소한 통계치다.

　기독교인의 감소 현상은 최근의 교단별 교인 수 통계에서도 파악되고 있는데, 2014년 교단별 총회에서 보고된 교인 수 통계를 살펴보면 〈표 1-3〉에서 알 수 있듯이 예장 합동의 경우 2007년도까지는 교인 수가 증가하여 290만 명을 상회하다가 2013년에는 280만 명대로 다시 감소하는 모습을 보이고 있다.[7] 예장 통합의 경우는 2010년까지는 지속적인 교인 수 증가 추세가 이어지다가 그 이후부터는 지속적으로 감소하고 있음을 알 수 있다. 감리교단의 경우도 2009년까지 지속적으로 교인 수가 증가하여 2009년 정점을 찍은 후에는 다시 지속적으로 감소하여 2013년에는 150만 명 대 이하로 줄어들었다. 예장 고신의 경우는 2006년에 교인 수가 50만 명을 상회한 이후에는 전체적으로 감소하는 경향을 보이고 있으며, 기장도 2007년 이후에는 교인 수가 지속적으로 감소하여 2013년도에는 30만 명대 이하로 줄어들었고, 예장 합신의 경우는 2010년을 기점으로 교인 수가 감소하고 있다. 이러한 교단별 교인 수 추이 통계에서 알 수 있듯이 어느 교단도 예외 없이 교인 수가 감소하고 있다. 교단별 교인 수를 모두 합한 합계 수치의 변화를 보더라도 [그림 1-5]가 보여 주듯이 2011년을 기점으로 감소하기 시작한 것을 알 수 있다. 이러한 추세로 지속적으로 감소한

---

7 「뉴스앤조이」 신문이 2014년 한국교회 교단별 총회 보고자료에서 제시된 통계 수치를 종합하여 보도한 내용임(「뉴스앤조이」, 2014. 10. 10.).

다면 한국교회는 적어도 양적으로 볼 때에 침체 국면으로 접어들 수밖에
없음을 예측할 수 있다.

〈표 1-3〉 2004~2013년 주요 교단별 교인 수 추이

연도	예장합동	예장통합	감리회	예장고신	기장	예장합신	합계
2004	2,508,451	2,489,717	1,491,754	436,443	336,095	128,711	7,391,171
2005	2,716,815	2,539,431	1,507,994	464,865	337,188	137,449	7,703,742
2006	2,818,092	2,648,852	1,534,504	501,036	337,327	144,974	7,984,785
2007	2,912,476	2,686,812	1,557,509	474,047	337,570	147,415	8,115,829
2008	2,896,967	2,699,419	1,563,993	464,799	327,903	150,241	8,103,322
2009	2,936,977	2,802,576	1,587,385	464,515	317,886	151,507	8,260,846
2010	2,953,116	2,852,311	1,586,063	466,379	311,212	156,508	8,325,589
2011	2,988,553	2,852,125	1,585,503	482,488	305,953	153,361	8,367,983
2012	2,994,873	2,810,531	1,557,692	481,032	297,752	154,709	8,296,589
2013	2,857,065	2,808,912	1,486,215	472,717	289,854	152,316	8,067,079

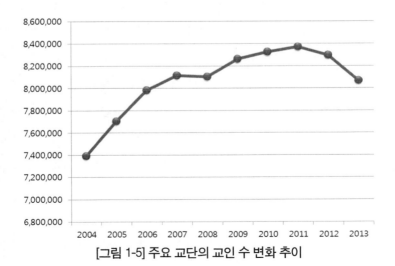

[그림 1-5] 주요 교단의 교인 수 변화 추이

문제의 심각성은 현재의 교인 수의 감소 현상 중에 한국 기독교의 미래의 주역이 되어야 할 자라나는 세대의 인구가 급격하게 감소하는 데에 있다. 대표적으로 장로교 통합 교단의 지난 10년간의 교회학교 학생 수 추이를 도표로 나타내면 〈표 1-4〉와 같다.[8] 이 도표에서 볼 수 있듯이, 2011년과 2012년을 비교해 보면 영아부부터 시작해서, 유아부, 유치부, 유년부, 초등부, 소년부, 중고등부 등의 전체 교육부서의 학생 수가 모두 감소하였다. 부서마다 편차는 있지만 지난 10년 동안 대부분의 부서들이 지속적으로 감소하고 있다. 교회학교의 중추부서라고 할 수 있는 유치부, 유년부, 초등부, 소년부, 중고등부를 보게 되면 이러한 감소 현상을 확인할 수 있다. 유치부의 경우 교회학교 학생 수가 지난 10년 동안 21.7%가 감소하였으며, 유년부의 경우는 25.9%가 감소하였고, 초등부의 경우는 25.5%가 감소하였으며, 소년부의 경우는 27.8%가 감소하였다. 중고등부의 경우는 2009년을 기점으로 감소하기 시작하였는데, 불과 지난 4년 사이에 교회학교 학생 수가 12.1%나 감소하였다.

〈표 1-4〉 2003~2012년 예장 통합 교회학교 학생 수 추이

년도	회기	영아부	유아부	유치부	유년부	초등부	소년부	중고등부
2003	89	13,689	22,148	79,509	76,325	86,176	105,372	174,281
2004	90	14,874	21,846	78,605	77,582	88,373	105,280	179,472
2005	91	14,868	21,700	76,899	78,764	85,629	105,518	180,496
2006	92	15,738	22,004	75,568	78,739	89,622	105,463	189,189
2007	93	16,655	23,025	75,136	79,532	85,580	106,015	193,215
2008	94	17,737	23,184	74,751	74,223	83,783	104,897	193,344
2009	95	17,297	22,956	72,184	69,924	80,056	100,520	195,275

8   대한예수교장로회(통합) 총회회의록, 2014.

년도	회기	영아부	유아부	유치부	유년부	초등부	소년부	중고등부
2010	96	18,305	24,571	67,378	64,232	74,327	89,900	188,308
2011	97	21,429	24,130	64,731	58,419	69,015	83,266	180,308
2012	98	18,733	23,641	62,251	56,519	64,175	76,090	171,660

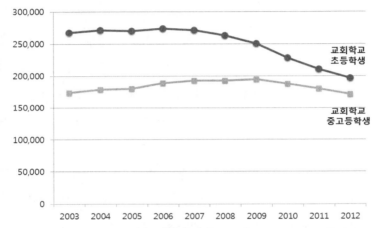

[그림 1-6] 2003~2012년 예장 통합 교회학교 초등학생, 중고등학생 수 추이

　　이러한 교회학교 학생 수의 감소는 기독교인 학령인구의 감소를 의미하고, 이는 향후 기독교학교에 입학할 학생 수가 감소할 수 있는 가능성을 보여 주고 있다. 물론 기독교인 학령인구의 감소가 직접적으로 기독교학교 지원자의 감소로 이어질 것이라고만 볼 수는 없다. 비록 전체 기독교인 학령인구는 감소하더라도 부모가 자녀를 기독교학교에 보내려고 하는 기독교 교육의 의지가 강하게 되면 오히려 기독교학교 지원자 수가 증가할 수 있기 때문이다. 그러나 학령인구의 감소로 인해 수많은 학교들이 폐교되고 있는 이러한 현실이 기독교에 어떤 형태로든 영향을 줄 수밖에

없음을 인정하고 그 대책을 진지하게 강구해야 할 것이다.

IV. 기독교학교 미래 전망 분석

학령인구변화에 따른 기독교학교 변화를 알아보기 위하여서는 기독교학교의 실태와 인식 설문이 필요하기에 〈표 1-5〉와 같이 연구를 진행하였다. 기초 조사와 문헌 연구를 통해 연구의 방향성을 설정하고 설문지 초안을 작성하였다. 설문지는 타당도를 높이기 위해 통계 전문가에게 형식검토를 의뢰하고, 사립학교, 대안학교(각종학교), 대안학교(비인가) 각 1명씩에게 내용 검토를 의뢰해 그 결과를 반영하여 완성하였다. 설문지는 총 2종류로 구성하였다. 2005년~2014년의 학생 재적의 추이를 알 수 있는 실태조사와 현재 학교 실정과 미래 전망에 대한 인식조사를 마련하였다. 자세한 설문문항 구성은 〈표 1-6〉으로 정리하였다. 실태조사는 1부, 인식조사는 5부를 요청드렸다. 1차로 설문은 각 학교에 우편으로 발송하였다. 반송봉투를 동봉하여 응답설문을 수집하였다. 2차로 전화를 통해 설문지 수령 및 작성 여부를 확인하였고, 이메일로 설문지를 발송, 수신하였다. 회수된 설문지는 코딩 작업을 거쳐 SPSS 17.0을 사용하여 통계분석하였다.

<표 1-5> 연구 절차

연구내용	세부 내용
기초 자료 조사 문헌 연구	문헌자료, 통계청 자료, 기독교대안학교 실태조사 자료
대상학교 조사	연구 대상학교 조사, 정리
설문지 구상	설문지 구상: 실태조사, 인식조사
전문가 검토	형식 타당도: 통계 전문가 1인 내용 타당도: 사립학교 전문가 1인, 대안학교(각종학교) 1인, 대안학교(비인가) 1인
설문지 발송	설문지 발송 실태조사: 학교 당 1부 인식조사: 학교 당 1~5부
설문 수거	설문 1, 2, 3차 수거
설문 분석	설문 분석 및 원고 작성

<표 1-6> 설문 구성

영역		세부문항
실태 조사	학생 수 변화 추이	2005년~2014년 학생 재적 수 (2005년~2014년 지원 학생 수) (2005년~2014년 남녀 학생 수) (2005년~2014년 모집정원, 전체정원)
	기초사항	지역, 학교급, 학교 유형, 개교년도, 응답자 직위
인식 조사	미래종합대책	기독교학교 미래 종합 필요성 미래종합대책 방안
	학생 충원	관심도, 변화 체감, 지원자 추이 전망 현재 학생 충원 어려운 요인 진단 미래 학생 충원 어려운 요인 예상 현재 학생 충원 긍정적 요인 진단 미래 학생 충원 긍정적 요인 예상
	학교 간 경쟁	타 기독교학교와 경쟁 여부 경쟁완화 방안
	학생 만족도	입학 전 학교에 대한 기대 입학 후 학교에 대한 만족 응답학생 성별, 학급
	기초사항	성별, 재직학교급, 직위, 교직경력

본 연구는 연구대상의 범위를 기독교학교 전체로 두었다. 기독교 사립
학교는 특목고, 특성화고를 제외하고 선발 과정을 거치는 사립초등학교,
비평준화지역 사립고등학교, 자율형사립고등학교 51개를 대상으로 하였
다. 기독교대안학교는 특성화(대안) 중, 고등학교, 대안학교(각종학교), 비인
가 대안학교 중 개교한 지 3년 이상 되고 일반 학생을 대상하는 107개교
를 조사하였다.

〈표 1-7〉설문 대상 학교

분류	기독교사립학교	기독교대안학교
학교 유형	사립초등학교 사립고등학교(비평준화) 자율형사립고등학교	특성화(대안) 중고등학교 대안학교 (각종학교) 대안학교 (비인가)
학교 수	51개	107개
학교급	초, 고	초, 중, 고 초중, 중고, 초중고

설문을 요청한 158개 학교 중 60개교가 응답하였다. 경기도 41.7%(25
개)에 소재한 학교가 가장 많았고, 다음으로 서울(18.3%, 11개), 경상(18.3%,
11개), 충청(10.0%, 6개)에 있는 학교가 참여하였다. 응답학교를 학교급별로
살펴보면 고등학교가 24개교(40.0%)이고, 중고통합 학교가 12개교(20.0%),
초등학교가 9개교(15.0%) 순이었다. 학교 유형으로 보면 기독교대안학교
(비인가, 25개, 41.7%), 기독교 사립고등학교(비평준화, 12개, 20.0%), 기독교사립
초등학교(7개, 11.7%) 순으로 설문에 응답하였다.

<표 1-8> 설문 응답 학교 배경변인

N=60, 응답 학교 수(개)/백분율

	서울	경기	강원	충청	경상	전라	제주
소재지[8]	11	25	1	6	11	4	2
	18.3%	41.7%	1.7%	10.0%	18.3%	6.7%	3.3%

	초등	중등	고등	초중	중고	초중고
학교급	9	3	24	6	12	6
	15.0%	5.0%	40.0%	10.0%	20.0%	10.0%

	기독교 사립초	기독교 사립고 (비평준화)	기독교 자율형 사립고	기독교 특성화 (대안) 중고	기독교 대안학교 (각종학교)	기독교 대안학교 (비인가)
학교 유형	7	12	6	5	5	25
	11.7%	20.0%	10.0%	8.3%	8.3%	41.7%

설문을 작성한 교사의 배경 변인은 <표 1-8>과 같다. 성별은 남자가 51.8%로 44.6%인 여자보다 많았고, 재직 학교급별로 파악해 보면 고등학교가 50.3%로 가장 많았다. 교사의 직위는 일반교사가 47.2%로 가장 많았고, 응답교사의 경력은 30.6%로 5년 이상 10년 미만이 가장 많은 것을 볼 수 있다. 교사들이 근무하는 학교의 변인을 나타내면 <표 1-9>와 같은데, 학교소재지는 경기도가 39.4%로 가장 높고, 경상남북도가 20.2%, 서울이 13.5%로 근소한 차이로 그 뒤를 잇고 있다. 응답한 학교의 학교급별 분포는 고등학교가 40.4%로 가장 높았으며, 초등학교가 28.5%로 그 다음으로 높았다. 학교의 유형을 보면 비인가학교가 44.0%로 가장 높았으며, 일반고등학교 16.6%, 대안학교(각종학교) 14.0% 순이었다.

---

9 서울특별시를 제외한 특별, 광역시는 각 도에 포함시켰다.

〈표 1-9〉 인식조사: 설문 응답 교사 배경변인

N=193, 응답 교사 수(명)/백분율

성별	남자		여자		미응답	
	100		86		7	
	51.8%		44.6%		3.6%	
재직 학교급	초등		중등		고등	미응답
	66		53		97	7
	34.2%		27.5%		50.3%	3.6%

직위	교장	교감	교목	행정	부장교사	교사	미응답
	19	16	17	9	33	91	8
	9.8%	8.3%	8.8%	4.7%	17.1%	47.2%	4.1%

경력	5년미만	5년이상 -10년미만	10년이상 -20년미만	20년 이상	미응답
	51	59	39	36	8
	26.4%	30.6%	20.2%	18.7%	4.1%

〈표 1-10〉 설문 응답 교사의 학교 변인

소재지	서울	경기	강원	충청	경상	전라	제주
	26	76	5	21	39	18	8
	13.5%	39.4%	2.6%	10.9%	20.2%	9.3%	4.1%

학교급	초등	중등	고등	초중	중고	초중고
	32	6	68	24	37	26
	16.6%	3.1%	35.2%	12.4%	19.2%	13.5%

학교 유형	기독교 사립초	기독교 사립고 (비평준화)	기독교 자율형 사립고	기독교 특성화 (대안) 중고	기독교 대안학교 (각종학교)	기독교 대안학교 (비인가)
	23	32	11	15	27	85
	11.9%	16.6%	5.7%	7.8%	14.0%	44.0%

1. 기독교학교 학생 수 증감 분석

전체 대상학교를 표본으로 두고 설문조사를 실행하였지만, 본 연구의 설문 질문 특성상 학교에서 공개를 꺼려하는 경우가 많았다. 60개 응답 학교 중 43개교만이 실태조사에 유의하게 응답해 주었다. 다양한 유형의 기독교학교들의 자료를 충분히 모으지 못해, 유의한 분석을 해내기에는 어려움이 있었다. 그리하여 지난 10년간 공교육의 한 학교 당 학생 수 평균 추이[10]와 본 실태조사에서 파악된 기독교학교의 학교 당 학생 수 평균 추이를 비교하며 그 경향을 살펴보고자 한다. 먼저 실태조사에 응답한 학교의 배경변인을 표로 나타내면 〈표 1-11〉과 같다.

〈표 1-11〉 실태조사 응답 학교 배경변인

N=43, 응답학교 수(개)/백분율

소재지[10]	서울	경기	강원	충청	경상	전라	제주
	4	21	0	2	9	6	1
	9.3%	48.8%	0.0%	4.7%	20.9%	14.0%	2.3%

학교급	초등	중등	고등	초중	중고	초중고
	6	3	14	5	11	4
	14.0%	7.0%	32.6%	11.6%	11.6%	9.3%
	초등과정 있는 학교		중등과정 있는 학교		고등과정 있는 학교	
	15		23		29	
	34.9%		53.5%		67.4%	

---

10   2013년 9월 5일 교육부 보도자료 "2013년 교육기본통계 조사 결과 발표" 수정.
11   서울특별시를 제외한 특별, 광역시는 각 도에 포함시켰다.

학교 유형	기독교 사립초	기독교 사립고	기독교 특성화 (대안) 중고	기독교 대안학교 (각종학교)	기독교 대안학교 (비인가)
	4	10	5	4	20
	9.3%	23.3%	11.6%	9.3%	46.5%

우리나라의 학령인구의 감소 추세는 이미 기독교학교에 직, 간접적인 영향을 주고 있다. 앞에서 살펴본 대로 공교육 전체의 학생 수가 감소하는 경향을 보이고 있는데 미션스쿨이라고 불리우는 기독교학교의 학생 수도 지난 10년간 꾸준하게 감소하고 있다. 지난 10년간 공교육의 학교 당 평균 학생 수의 추이[12]를 보면 아래의 도표와 같은데, 본 조사결과를 분석해 보면 기독교 사립학교의 학생 수도 감소하고 있음을 알 수 있다. 2005년에는 학교 당 재적 학생 수가 495.7명이었는데, 2010년에는 471.0명으로 감소하였고, 2014년 현재 431.1명으로 감소하였다. 즉 공교육 안에 속해 있는 기독교학교의 학생 수는 지난 10년간 전체 학생 수 감소의 경향과 마찬가지로 감소하였음을 알 수 있다. 이를 학교급별로 분석해 보더라도 그 경향을 확인할 수 있는데, 아래 표에서 볼 수 있듯이 기독교 사립 초등학교의 경우도 2005년에는 학교 당 학생 수가 544.7명이었는데 2014년에는 454.3명으로 감소하였고, 기독교 사립 고등학교의 경우도 2005년의 학교 당 학생 수가 474.7명이었는데 2014년에는 435.3명으로 감소하였다. 학교 수 자체가 거의 변화가 없는 상태에서 학교 당 학생 수의 감소는 전체 학생 수가 감소하였음을 보여 주는 것이다.

---

12 2013년 9월 5일 교육부 보도자료 "2013년 교육기본통계 조사 결과 발표" 수정.

〈표 1-12〉 2005~2014년 학교 재적 학생 수 평균 추이(초, 중, 고)

연도	공교육	기독교 사립학교	기독교 특성화(대안) 대안학교 (각종학교)	기독교 대안학교 (비인가)
2005	720.1	495.7	84.8	25.5
2006	705.3	490.6	90.4	31.7
2007	697.2	487.2	145.6	38.3
2008	678.1	475.1	153.2	60.7
2009	658.4	478.4	155.6	61.8
2010	635.5	471.0	173.8	69.7
2011	609.2	472.1	174.8	73.8
2012	583.8	454.5	149.0	73.1
2013	560.1	445.0	162.5	69.6
2014	540.7	431.1	167.5	67.4

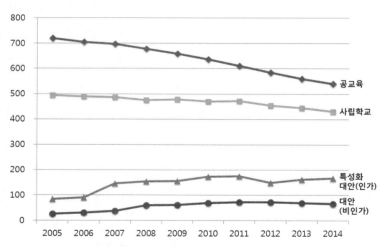

[그림 1-7] 2005~2014년 학교 유형별 재적 학생 수 평균 추이(초, 중, 고)

〈표 1-13〉 2005~2014년 학교 유형별 재적 학생 수 평균(초등)

	공교육	기독교 사립초등학교	기독교 대안학교 (각종학교, 인가)
2005	712.5	544.7	
2006	684.6	535.7	
2007	665.4	494.7	48.3
2008	631.7	480.0	53.5
2009	596.1	479.0	67.5
2010	563.6	475.0	69.3
2011	532.6	477.0	79.0
2012	500.8	472.0	88.5
2013	470.8	463.7	77.3
2014	459.8	454.3	81.8

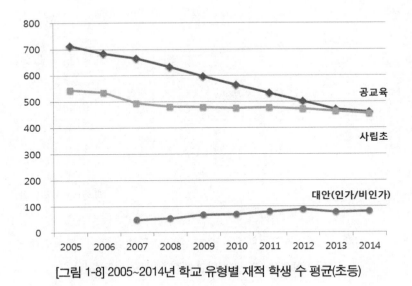

[그림 1-8] 2005~2014년 학교 유형별 재적 학생 수 평균(초등)

〈표 1-14〉 2005~2014년 학교 재적 학생 수 평균(중등)

	공교육	기독교대안학교 (각종학교, 비인가)
2005	685.1	
2006	692.0	49.0
2007	680.5	61.7
2008	662.5	65.1
2009	646.2	48.3
2010	630.9	51.9
2011	606.0	47.8
2012	584.8	39.6
2013	568.6	43.5
2014	539.2	42.8

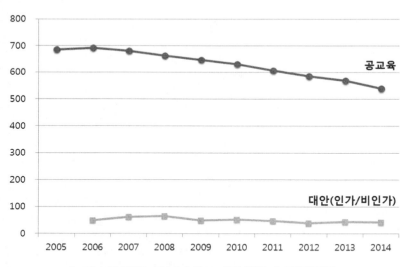

[그림 1-9] 2005~2014년 학교 재적 학생 수 평균(중등)

〈표 1-15〉 2005~2014년 학교 재적 학생 수 평균(고등)

연도	공교육	기독교사립고등학교	기독교특성화(대안)대안학교(각종학교)	기독교대안학교(비인가)
2005	841.5	474.7	79.5	
2006	828.3	471.3	68.4	
2007	852.9	484.0	88.8	17.5
2008	870.8	473.0	99.6	19.0
2009	883.5	478.1	108.8	27.6
2010	871.0	469.3	123.2	30.0
2011	851.8	470.0	129.2	34.3
2012	833.7	447.0	120.4	39.7
2013	815.4	453.3	119.6	41.3
2014	790.8	435.3	119.2	38.9

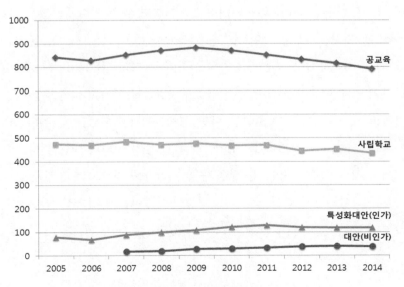

[그림 1-10] 2005~2014년 학교 재적 학생 수 평균(고등)

그런데 위의 도표에서 주목해야 할 것은 모든 기독교학교가 감소하고 있는 것은 아니라는 사실이다. 기독교 특성화 (대안)학교, 기독교대안학교 그리고 기독자사고들은 오히려 학생 수가 증가하고 있다. 기독교 특성화 학교의 경우는 2005년에는 학교 당 학생 수가 84.8명이었는데 2014년에는 167.5명으로 두 배 정도 증가하였고, 기독교대안학교의 경우는 2005년에는 25.5명이었는데 2014년에는 67.4명으로 거의 세 배 가까이 증가한 것으로 나타났다. 이러한 기독교 특성화 학교나 기독교대안학교의 학생 수가 증가하는 이유에 대해서는 다각적인 분석이 필요하겠지만 분명한 것은 기독교학교의 학생 수의 증감은 꼭 학령인구의 변동에 정비례하는 것만은 아니라는 점이다. 기존 학교의 교육철학에 대한 회의와 실망이 새로운 대안교육을 추구하게 만들었고, 진정한 기독교 교육에 대한 갈증이 새로운 기독교학교교육을 기대하게 하였다고 볼 수 있다.

이 점에서는 자율형 사립학교 중 기독교학교인 기독자사고도 동일한데, 매년 지원자 수가 조금씩 증가하고 있다. 아래의 〈표 1-16〉에서 볼 수 있듯이 전체 공교육의 학생 수가 감소하지만 기독자사고의 경쟁률은 증가하고 있는 것이다. 2013학년도에는 경쟁률이 1.04이었는데, 2014학년도에는 1.15 그리고 2015학년도에는 1.49로 증가하였다. 이는 기독교학교의 정체성 때문만이라고는 말할 수 없지만 기독자사고의 경쟁률 증가는 기독교학교가 학령인구 감소의 영향력을 얼마든지 거슬러 올라갈 수 있는 가능성을 보여 주는 것이라고 할 수 있다.

〈표 1-16〉 2013~2015 기독교계 자사고 경쟁률[13]

학교명	2013			2014			2015		
	경쟁률	모집인원	지원인원	경쟁률	모집인원	지원인원	경쟁률	모집인원	지원인원
이화여	3.26	420	1,371	4.0	420	1,682	4.18	420	1,756
신일	1.12	385	432	1.15	385	442	1.2	385	462
대광	0.98	350	343	0.68	350	237	0.52	420	220
이대부고	0.92	420	387	1.14	420	480	1	420	420
배재	0.62	455	280	0.62	455	284	1.01	455	458
대성	1.65	350	577	1.71	350	597	1.15	420	485
대성(대전)	1.48	350	517	1.4	350	333	1.46	350	511
경일여고	1.71	280	480	1.31	280	368	0.73	420	305
계성고	1.59	345	548	0.82	350	490	0.61	350	213
안산동산고	3.38	396	1338	1.54	640	985	1.65	640	1053
경쟁률 평균	1.04			1.15			1.49		

  그런데 2011년부터 새로운 변화가 감지되고 있다. 기독교특성화학교
나 기독교대안학교의 학교 당 학생 수가 정체되거나 감소하는 현상을 보
이고 있는 것이다. 기독교특성화학교의 경우 2011년에는 174.8명이었는
데 2014년에는 167.5명으로 감소하였고, 기독교대안학교의 경우도 2011
년에는 73.8명이었는데 2014년에는 67.4명으로 감소하였다. 물론 학교
당 평균 학생 수의 증감이 전체 학생 수의 증감을 그대로 보여 주는 것은
아니지만 이러한 감소 현상은 기독교특성화학교나 기독교대안학교의 학
생 수가 지속적으로 증가만 하는 것은 아닐 수 있음을 보여 준다.
  이러한 현상은 기독교학교교육연구소의 연구 결과에서도 확인할 수

---

13 베리타스 "서울24개교 1.42:1 상승" 기사 중 2014, 2015년도 서울시 자사고 경쟁률 자료
   를 참고. http://www.veritas-a.com/news/articleView.html?idxno=32764

있다. 기독교학교교육연구소는 개소 이래 5년 주기로 기독교대안학교 실태조사연구를 실시하고 있다. 2006년도에 1차 연구조사를 하였고, 2011년도에 2차 연구조사를 하였다. 이 두 연구 결과와 본 연구를 위해 2014년 기독교대안학교 현황을 조사한 것을 더해서 2006년, 2011년, 2014년 학교 증감의 누적수를 비교 조사한 것을 분석하면 〈표 1-17〉과 같다. 2005년에 59개였던 기독교대안학교는 2011년 121개, 2014년 169개로 꾸준히 증가하고 있음을 알 수 있다. 그런데 새로이 개교하는 기독교학교와 함께 폐교가 되거나 개교된 후 확인 불가한 기독교대안학교도 발견되었다. 그 누적 수는 2011년 16개, 2014년에는 38개에 달했다. 2006년~2014년의 9년 동안 매해 12.2개 기독교대안학교가 생기고, 4.2개 기독교대안학교가 사라진 셈이다. 최근 3년(2011년~2014년)동안 만을 본다면, 해마다 16개 대안학교가 개교하고, 7.3개 학교가 문을 닫고 있다고 할 수 있다. 이러한 분석을 통해 알 수 있는 것은 기독교대안학교에 대한 수요가 증가하는 것은 사실이고 이에 부응하여 많은 기독교대안학교들이 설립되고 운영됨으로 이러한 수요에 대한 공급이 이루어지고 있지만, 또 한편 많은 기독교대안학교들이 학생 충원에 어려움을 느끼며 결국은 그 어려움을 극복하지 못하고 폐교하는 학교들도 상당수가 있는 것이다. 그리고 앞의 학령인구 동향 전망에 따르면 이러한 어려움이 향후 가중될 수 있다는 사실이다. 그렇기 때문에 미래에 대한 변화 예측과 기독교학교에 대한 수요와 공급에 대한 정확한 예측을 통해 개별 학교 차원만이 아니라 범 기독교학교 차원에서의 종합대책이 필요하다고 할 수 있다.

〈표 1-17〉 기독교 대안학교 증감 추계

	2006	2011	2014
운영 중인 기독교 대안학교 수	59개 (100%)	121개 (88.3%)	169 (81.6%)
폐교, 확인불가 기독교대안학교 수	0개 (0%)	16 (11.7%)	38 (18.4%)
전체	59 (100%)	137 (100%)	207 (100%)

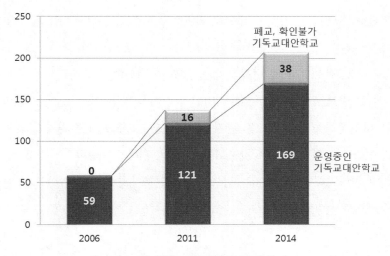

[그림 1-11] 기독교 대안학교 증감 추계

2. 기독교학교 학생 충원

기독교학교에게 학생 충원에 대한 인식을 7단 척도로 물었다. 그 응답 빈도와 백점으로 환산된 평균치를 〈표 1-18〉에 정리하였다. '학생 충원에 대한 관심'은 81.1점으로 높게 나타났다. '학생 충원에 대한 변화'에 대한 질문은 '학생 충원이 쉬워질 것인가'를 물었는데 45.7로 나타나서 학생 충원이 쉽지 않을 것이라는 전망을 한다고 응답했고, '지원자 추이 전망'에 대해서는 57.3으로서 '현재 수준을 유지'하거나, '증가'할 것이라고 긍정적으로 전망하고 있었다.

이를 학교 유형별로 보면, '학생 충원에 대한 관심'은 자사고-대안학교(각종학교)-사립고-사립초-대안학교(비인가)순으로 높게 나타났고, 특성화(대안)학교는 61.9점으로 상대적으로 관심이 적었다. '학생 충원의 변화'에 대해서는 사립초가 35.4점으로 충원이 갈수록 어렵다고 가장 부정적으로 응답했고, 사립고-자사고-대안학교(비인가) 순으로 부정적으로 응답했다. 특성화(대안)학교는 갈수록 충원이 쉽다는 쪽으로(60.0점), 대안학교(각종학교)는 52.9점으로서 큰 변화가 없을 것으로 예상하여 상대적으로 충원에 용이한 편으로 이해할 수 있다. '지원자 추이 전망'은 기독교사립초등학교와 비평준화 기독교학교는 각각 47.4점, 45.6점으로서 지원자가 감소할 것으로 전망하였고, 기독자사고는 55.9점, 기독교특성화학교는 65점 그리고 기독교대안학교는 62.1점으로서 지원자가 증가할 것이라고 다소 긍정적으로 전망하였다.

〈표 1-18〉 기독교학교 학생 충원 인식

N=193, 응답 교사 수(명)/백분율(%)

질문	평균 (백점환산)	①	②	③	④	⑤	⑥	⑦
학생 충원에 관심이 있습니까?	81.1	전혀 관심 없다 ←		보통 이다 →			매우 관심 있다	
		5	6	2	26	33	42	79
		2.6	3.1	1.0	13.5	17.1	21.8	40.9
학생 충원이 쉬워질 것으로 생각하십니까	45.7	충원이 어려워진다 ←		변화 없다 →			충원이 쉬워진다	
		25	42	43	44	28	9	1
		13.0	21.9	22.4	22.9	14.6	4.7	0.5
지원자가 증가할 것으로 전망하고 있습니까?	57.3	지원자가 급감할 것이다 ←		현재 수준을 유지할 것이다 →			지원자가 급증할 것이다	
		5	20	36	64	36	16	8
		2.7	10.8	19.5	34.6	19.5	8.6	4.3

〈표 1-19〉 학교 유형형별로 보는 학생 충원에 대한 인식

N=192, 백점 환산 평균(표준편차)

질문	사립초 (n=23)	사립고 (비평준화) (n=32)	자사고 (n=11)	특성화 (대안) (n=15)	대안학교 (각종학교) (n=20)	대안학교 (비인가) (n=91)
학생 충원에 관심이 있습니까?	81.4	85.3	88.3	61.9	86.4	80.9
	(1.550)	(1.231)	(1.168)	(1.877)	(.945)	(1.557)
학생 충원이 쉬워질 것으로 생각하십니까?	35.4	41.1	45.4	60.0	52.9	46.1
	(1.310)	(1.408)	(1.250)	(.862)	(1.559)	(1.415)
지원자가 증가할 것으로 전망하고 있습니까?	47.4	45.6	55.9	59.0	65.0	62.1
	(1.129)	(1.148)	(.701)	(.834)	(1.050)	(1.470)

현재 학교에서 인식하고 있는 학생 충원의 부정적 요인은 무엇이며, 또 미래 충원에 부정적인 영향을 끼치는 요인은 무엇일까? 현재 기독교학교 학생 충원의 부정적 요인 1위는 '학비에 대한 부담감'으로서 36.8%가 응

답하였다. 그리고 22.8%가 '학령 인구수 감소'로 응답했다. '미래 학생 충
원에 가장 어려운 점은 무엇이라고 예상하는가?'에 대한 질문에 대해서는
37.3%가 '학령 인구수 감소'로 응답하였고, 28.5%가 '학비에 대한 부담감'
으로 응답한 것을 볼 수 있다. 또 이를 학교 유형별로 교차분석하여 도표
로 나타내면 아래와 같다.

〈표 1-20〉 학생 충원의 부정적 요인

응답 교사 수(명)/백분율

현재 진단	학비에 대한 부담감	학령인구수 감소	학교의 인지도	진로진학에 불리	학교 간 경쟁	기독교학교에 대한 부정적 인식
N=191	71	44	25	20	17	14
	37.2%	23%	13.1%	10.5%	8.9%	7.3%
미래 예상	학령인구수 감소	학비에 대한 부담감	진로진학에 불리	학교의 인지도	기독교학교에 대한 부정적 인식	학교 간 경쟁
N=189	72	55	20	16	14	12
	38.1%	29.1%	10.6%	8.5%	7.4%	6.3%

〈표 1-21〉 학교 유형에 따른 현재 학생 충원의 부정적 요인 (교차분석)

N=191, 응답 교사 수(명)/백분율

현재 진단	학비에 대한 부담감	학령인구 수 감소	학교의 인지도	진로진학에 불리	학교 간 경쟁	기독교학교에 대한 부정적 인식
사립초 (n=23)	7	13	0	1	2	0
	30.4%	56.5%	0%	4.3%	8.7%	0%
사립고 (n=32)	1	20	1	1	7	2
	3.1%	62.5%	3.1%	3.1%	21.9%	6.3%
자사고 (n=11)	5	0	0	0	3	3
	45.5%	0%	0%	0%	27.3%	27.3%

현재 진단	학비에 대한 부담감	학령인구 수 감소	학교의 인지도	진로진학에 불리	학교 간 경쟁	기독교학교에 대한 부정적 인식
특성화(대안) (n=14)	2	2	2	6	2	0
	14.3%	14.3%	14.3%	42.9%	14.3%	0%
대안(각종학교) (n=20)	11	1	2	5	0	1
	55.0%	5.0%	10.0%	25.0%	0%	5.0%
대안(비인가) (n=91)	45	8	20	7	3	8
	49.5%	8.8%	22.0%	7.7%	3.3%	8.8%

X^2=124.203[a] (df=25, p=.000)

〈표 1-22〉 학교 유형에 따른 미래 학생 충원의 부정적 요인 (교차분석)

N=189, 응답 교사 수(명)/백분율

미래 예상	학령인구 수 감소	학비에 대한 부담감	진로진학에 불리	학교의 인지도	기독교학교에 대한 부정적 인식	학교 간 경쟁
사립초 (n=23)	13	8	0	0	1	1
	56.5%	34.8%	0%	0%	4.3%	4.3%
사립고 (n=31)	23	1	1	1	1	4
	74.2%	3.2%	3.2%	3.2%	3.2%	12.9%
자사고 (n=10)	4	2	2	1	0	1
	40.0%	20.0%	20.0%	10.0%	0%	10.0%
특성화(대안) (n=14)	3	0	6	1	2	2
	21.4%	0%	42.9%	7.1%	14.3%	14.3%
대안(각종학교) (n=20)	4	11	3	1	0	1
	20.0%	55.0%	15.0%	5.0%	0%	5.0%
대안(비인가) (n=91)	25	33	8	12	10	3
	13	36.3%	8.8%	13.2%	11.0%	3.3%

X^2=71.981[a] (df=25, p=.000)

현재 학생 충원의 부정적 요인으로 사립초와 사립고는 '학령인구 수 감소'를 가장 많이 꼽았고, 자사고, 대안학교(각종학교, 비인가)는 '학비에 대한 부담감'으로 답하였다. 특성화(대안)학교는 '진로진학에 불리'로 답하여 학교 유형간의 차이를 볼 수 있다. 그렇다면 미래는 어떻게 예상하고 있을까? 사립초, 사립고, 자사고까지 여전히 '학령 인구 수 감소'를 높게 보았고, 특성화(대안)학교, 대안(각종학교, 비인가)학교는 현재 부정적 요인을 동일하게 대답하여, 특성화(대안)학교의 진로지도 문제, 대안(각종학교, 비인가)학교의 학비문제는 해결해야 할 과제로 보인다.

그렇다면 학생들은 왜 기독교학교를 선택할까? '현재 학생 충원에 대해 가장 긍정적인 요인이 무엇인가?'라는 질문에는 '기독교 교육의 필요성'이라고 응답한 학교가 31.6%로 가장 많았고 '학교의 인지도'라고 대답한 학교가 21.8%로 그 뒤를 이었다. '미래의 학생 충원에 대해 가장 긍정적인 요인이 무엇이라고 예상하는가?'라는 질문에도 역시 기독교 교육의 필요성이라고 응답한 학교가 31.6%로 가장 많았고, 교육의 수준이라고 대답한 학교가 26.9%로 그 뒤를 이었다. 이 문항 역시 학교 유형별로 살펴보면 아래와 같다.

〈표 1-23〉 학생 충원의 긍정적 요인

응답 교사 수(명)/백분율

현재 진단 N=192	기독교 교육의 필요성	학교의 인지도	교육수준 (교육과정,교사)	대안교육의 필요성 (탈입시 위주 교육)	진로진학에 유리	학교 위치
	61	42	33	30	23	3
	31.8%	21.9%	17.2%	15.6%	12.0%	1.6%
미래 예상 N=190	기독교 교육의 필요성	교육수준 (교육과정,교사)	대안교육의 필요성 (탈입시 위주 교육)	진로진학에 유리	학교의 인지도	학교 위치
	63	52	28	23	20	4
	33.2%	27.4%	14.7%	12.1%	10.5%	2.1%

〈표 1-24〉 학교 유형에 따른 현재 학생 충원의 긍정적 요인 (교차분석)

N=192, 응답 교사 수(명)/백분율

현재 진단	기독교 교육의 필요성	학교의 인지도	교육의 수준 (교육과정, 교사)	대안교육의 필요성 (탈입시 위주 교육)	진로진학에 유리	학교 위치
사립초 (n=23)	5	7	10	0	1	0
	21.7%	30.4%	43.5%	.0%	4.3%	.0%
사립고 (n=32)	1	12	1	2	15	1
	3.1%	37.5%	3.1%	6.3%	46.9%	3.1%
자사고 (n=11)	0	9	1	0	1	0
	0%	81.8%	9.1%	0%	9.1%	0%
특성화(대안) (n=15)	4	4	1	6	0	0
	26.7%	26.7%	6.7%	40.0%	0%	0%
대안(각종학교) (n=20)	10	3	2	5	0	0
	50.0%	15.0%	10.0%	25.0%	0%	0%
대안(비인가) (n=91)	41	7	18	17	6	2
	45.1%	7.7%	19.8%	18.7%	6.6%	2.2%

$X^2=122.818^a$ (df=25, p=.000)

〈표 1-25〉 학교 유형에 따른 미래 학생 충원의 긍정적 요인 (교차분석)

N=190, 응답 교사 수(명)/백분

미래 예상	기독교 교육의 필요성	교육의 수준 (교육과정, 교사)	대안교육의 필요성 (탈입시 위주 교육)	진로 진학에 유리	학교 인지도	학교 위치
사립초 (n=23)	5	12	0	3	2	1
	21.7%	52.2%	0%	13.0%	8.7%	4.3%
사립고 (n=32)	2	9	4	11	5	1
	6.3%	28.1%	12.5%	34.4%	15.6%	3.1%
자사고 (n=10)	3	3	1	1	2	0
	30.0%	30.0%	10.0%	10.0%	20.0%	0%
특성화(대안) (n=15)	4	5	4	1	1	0
	26.7%	33.3%	26.7%	6.7%	6.7%	0%
대안 (각종학교) (n=20)	11	5	3	0	1	0
	55.0%	25.0%	15.0%	0%	5.0%	0%
대안 (비인가) (n=90)	38	18	16	7	9	2
	42.2%	20.0%	17.8%	7.8%	10.0%	2.2%

X^2=47.646a (df=25, p=.004)

현재 학생 충원에 있어 가장 긍정적 요인에 대해 학교들은 유형 특성에 맞게 각기 다르게 응답하였다. 사립초는 '교육의 수준(교육과정, 교사)', 사립고는 '진로진학에 유리', 자사고는 '학교의 인지도'를 현재 강점으로 인식하고 있었다. 특성화(대안)은 '대안교육의 필요성, 탈입시 위주 교육'을, 대안학교(각종학교, 비인가)는 '기독교학교의 필요성'을 학생들이 오는 이유라고 답하였다. 그렇다면 향후 학교는 어디에 더욱 강점을 두어야 할까? 사립초, 사립고, 대안학교(각종학교, 비인가)는 현재와 동일하게 답한 반면에 자사고는 '학교 인지도'에서 '기독교 교육의 필요성'과 '교육의 수준'을 강조해야 하는 방향으로, 특성화(대안)도 '대안학교의 필요성' 공감을 넘어

'교육의 수준(교육과정, 교사)'을 높이는 쪽으로 바뀌어야 한다고 답변하였다.

3. 학교 간 경쟁

학생 수가 감소하고, 학교 수는 증가하는 추세이기 때문에 자연스럽게 학교 간 경쟁이 있을 수 있다. 현재 기독교학교들은 이러한 경쟁을 어떻게 인식하고 있을까? '학생 충원에 있어서 다른 기독교학교와 경쟁하는가?'에 대한 질문에 31.9%는 '경쟁관계가 전혀 없다'로, 45.9%는 '경쟁관계가 없는 편이다'로 답하면서 경쟁 관계가 없는 편이 더 높은 경향을 나타냈다. 경쟁관계를 느끼는 응답자는 전체의 26.1%였다. 유형별로도 보면, 역시 과반수 이상이 경쟁관계가 없다고 응답하고 있다. 하지만 기독교대안학교(각종학교, 비인가)는 약 30% 정도가 약간의 경쟁관계가 있다고 느끼고 있었다. 실제로 기독교대안학교의 경우는 학교설립이 급증하면서 위기의식을 갖는다는 반응을 보이기도 한다. 특히 성남, 용인, 화성 지역은 기독교대안학교 몰림 현상이 이루어지고 있다. 이 인근 지역에 25개의 기독교대안학교가 있다. 이는 전체 기독교대안학교의 14.8%를 차지하는 수치이고, 충청도 전체의 기독교대안학교 수 21개보다도 많은 수치이다[14]. 이러한 특정 지역 내에 많은 기독교대안학교가 설립되는 것으로 인해 학생 충원에 어려움을 느끼게 되고 이는 서로에 대한 경쟁심 유발로 이어지게 되는 것이다. 기독교대안학교는 입시 위주의 경쟁주의를 극복하고자 세워진 학교인데, 이들 간에 상호 협력하는 것이 아니라 서로 경쟁하는

---

14 강원도 9개교, 충청도 21개교, 전라도 17개교, 경상도 17개교가 있다.

것은 교육철학이나 건학이념과도 상치하는 것이라고 볼 수 있다.

특정 지역 안에 수요보다 더 많은 공급이 이루어지게 되면 학교 간 경쟁이 유발될 수밖에 없고 학교의 학생 수도 감소할 수밖에 없다. 전국적인 분포를 살펴볼 때, 경기도가 기독교대안학교가 가장 많이 밀집되어 있으며, 특히 용인과 분당 지역의 기독교대안학교의 밀도가 가장 높다. 용인, 분당 지역과 그 외의 지역의 기독교대안학교의 학교 당 학생 수를 비교하면 다음의 도표와 같다.

〈표 1-26〉 용인,분당과 그 외 지역
기독교대안학교(비인가) 비교(중등)

	기독교 대안학교 (비인가,그 외)	기독교 대안학교 (비인가, 분당용인)
2009	24.4	43.5
2010	27.9	49.8
2011	26.3	46.3
2012	29.1	44.3
2013	29.6	44.0
2014	29.8	38.5

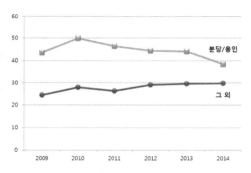

[그림 1-12] 용인, 분당과 그 외 지역
기독교대안학교(비인가) 비교(중등)

〈표 1-27〉 용인,분당과 그 외 지역
기독교대안학교(비인가) 비교(고등)

	기독교 대안학교 (비인가, 그 외)	기독교 대안학교 (비인가, 분당용인)
2009	17.2	40.5
2010	20.3	44.5
2011	23.6	53.0
2012	25.9	64.0
2013	30.6	60.0
2014	28.7	56.8

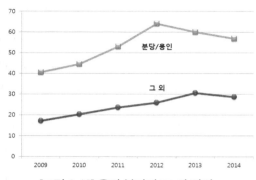

[그림 1-13] 용인,분당과 그 외 지역
기독교대안학교(비인가) 비교(고등)

표와 그림에서 알 수 있듯이 용인, 분당 지역의 기독교대안학교(중등과정)의 학생 수는 2010년 이래 계속 감소하고 있다. 평균 학교 당 학생 수가 49.8명에서 38.5명으로 감소한 것이다. 고등학교의 경우도 2012년을 기점으로 감소하고 있는데 평균 학교 당 학생 수가 64.0명에서 56.8명으로 감소하였다. 이는 그 외의 지역의 기독교대안학교의 학교 당 학생 수는 점진적으로 증가한 것과 대조를 이루고 있다. 그 원인은 앞에서 논의한대로 특정 지역에 기독교대안학교가 집중되어 수요보다 공급이 많아졌기 때문이라고 할 수 있다.

'경쟁을 완화하기 위한 방안'에 대해서는 51.7%인 과반수가 넘는 학교가 '학교특성화 강화로 차별화'를 두는 방안을 가장 우선순위로 응답했다. 그리고 다음으로 '지역 간 유형별 학교 간 친교 강화' 17.4%와, '지역별 유형별 학교 간 공동모집' 13.2%가 그 뒤를 이었다. 유형별 응답에서도 동일하게 모든 학교들이 '학교 특성화 강화로 차별화'하는 것이 바람직하다고 대답하였다.

〈표 1-28〉 학교 충원에서 타 기독교학교 간 경쟁

N=191, 응답 교사 수(명)/백분율

심각한 경쟁관계에 있다	약간의 경쟁관계가 있다	경쟁관계가 없는 편이다	경쟁관계가 전혀 없다
2	48	80	61
1.0%	25.1%	41.9%	31.9%

〈표 1-29〉 학교 유형에 따른 학생 충원 경쟁 (교차분석)

N=191, 응답 교사 수(명)/백분율

	심각한 경쟁 관계에 있다	약간의 경쟁 관계에 있다	경쟁관계가 없는 편이다	경쟁관계가 전혀 없다
사립초 (n=22)	0	6	5	11
	.0%	27.3%	22.7%	50.0%
사립고 (n=32)	0	2	14	16
	.0%	6.3%	43.8%	50.0%
자사고 (n=11)	0	3	6	2
	.0%	27.3%	54.5%	18.2%
특성화(대안) (n=15)	0	2	8	5
	.0%	13.3%	53.3%	33.3%
대안(각종학교) (n=19)	0	6	11	2
	.0%	31.6%	57.9%	10.5%
대안(비인가) (n=92	2	29	36	25
	2.2%	31.5%	39.1%	27.2%

X^2=23.124[a] (df=15, p=.082)

〈표 1-30〉 학생 충원 경쟁 완화 방안(다중응답)

N=288, 응답 교사 수(명)/백분율

학교특성화 강화로 차별화	지역 간 유형별 학교간 친교강화	지역별,유형별 학교간 공동모집	인구수 변화 반영한 정원조정	연합기관에서 정원수 조정	경쟁관계 유지
149	50	38	27	15	9
51.7%	17.4%	13.2%	9.4%	5.2%	3.1%

〈표 1-31〉 학교 유형에 따른 경쟁 완화 방안(다중응답 교차분석)

N=186, 응답 교사 수(명)/백분율

학교 유형	학교 특성화 강화로 차별화	지역 간 유형별 학교간 친교강화	지역별 유형별 학교간 공동모집	인구수 변화 반영한 정원조정	연합기관에서 정원수 조정	경쟁 관계 유지
사립초 (n=23)	19	3	4	2	6	0
	82.6%	13.0%	17.4%	8.7%	26.1%	.0%
사립고 (n=31	16	4	5	7	12	0
	51.6%	12.9%	16.1%	22.6%	38.7%	.0%
자사고 (n=11)	11	4	1	0	0	1
	100.0%	36.4%	9.1%	.0%	.0%	9.1%
특성화(대안) (n=15)	10	3	0	0	3	3
	66.7%	20.0%	.0%	.0%	20.0%	20.0%
대안(각종학교) (n=20)	19	12	0	0	1	0
	95.0%	60.0%	.0%	.0%	5.0%	.0%
대안(비인가) (n=86)	74	24	28	6	5	5
	86.0%	27.9%	32.6%	7.0%	5.8%	5.8%

4. 학생 만족도

기독교학교 학생들은 학교에 대해 어떻게 생각할까? 설문 응답 교사에게 무작위로 학생을 선정토록 하여[15] 그 학생[16]에게 입학하기 전 학교에 대한 기대와 입학 후 학교에 대한 만족도를 7단 척도로 대답하게 하였다. 이를 백점으로 환산한 점수는 〈표 1-32〉와 같다. 입학 전 학교의 기대가 77.1점이고, 입학 후 만족도는 82.9점으로 학생들은 학교에 대해 만족하고 있었다.

〈표 1-32〉 전체 학생 입학 전후 학교 만족도(t검정)

N=170, 평균 백점 환산(표준편차)

입학 전 기대	입학 후 만족도
77.1 (1.5191)	82.9 (1.2320)

(t=-2.978, df=169, p=.003)

응답한 학교 유형별로 학교 만족도를 살펴보니, 사립고등학교(비평준화), 대안학교(각종학교), 대안학교(비인가)의 학생 만족도 변화가 유의미하게 나타났고, 모두 입학 전 기대보다 입학 후 만족도가 높았다.

15　설문지에 주의 사항을 명시하였습니다.

> [주의사항] 설문응답의 응답의 공정을 기하기 위해 응답학생을 임의로 정해드립니다. 설문지를 받고 **처음 들어가는 교실**에서 **출석번호(가나다 순) 3번**인 학생에게 다음 질문을 묻고 그 응답을 기재해주시기 바랍니다.

16　학생 기초 사항: 전체 193명, 남학생 100명(51.8%), 여학생 65명(33.7%), 미응답 28명(14.5%), 초등학생 46명(23.8%), 중학생 33명(17.1%), 고등학생 87명(45.1%), 미응답 27명(14.0%).

<표 1-33> 학교 유형별 학생 입학 전후 학교 만족도

평균 백점 환산(표준편차)

사립고등학교(비평준화) N=26		대안학교(각종학교) N=20		대안학교(비인가) N=84	
입학 전 기대	입학 후 만족도	입학 전 기대	입학 후 만족도	입학 전 기대	입학 후 만족도
64.3	75.7	74.3	87.1	75.7	82.9
(1.3336)	(1.1852)	(1.7554)	(.7881)	(1.5365)	(1.2685)
(t=-2.241, df=25, p=.034)		(t=-2.199, df=19, p=.040)		(t=-2.296, df=83, p=.024)	

5. 기독교학교 미래 종합 대책

학교들은 '학령인구 변화에 따른 미래를 위한 종합 대책이 필요한가?'
라는 질문에 대해서는 '매우 필요하다'를 백점 만점으로 두었을 때, 전체
응답의 평균이 80.3점으로서 필요하다는 견해를 보이고 있다. 학교 유형
별로는 자사고가 84.4점, 대안학교(비인가)가 83점으로서 종합 대책의 필
요성에 높게 응답하였고, 특성화(대안)학교는 59.0점으로서 상대적으로 필
요성을 크게 느끼지 않고 있음을 알 수 있다.

<표 1-34> 미래 종합 대책 필요성

질문	평균 (백점환산)	①	②	③	④	⑤	⑥	⑦
기독교학교를 위한 미래 종합대책이 필요하다	81.1	전혀 관심 없다		← 보통 이다 →			매우 관심 있다	
		1	4	1	26	48	61	51
		0.5	2.1	0.5	13.5	25.0	31.8	26.6

〈표 1-35〉 학교 유형형별로 보는 미래 종합 대책 필요성 인식 (일원분산분석)

N=192, 백점 환산 평균(표준편차)

질문	사립초 (n=23)	사립고 (비평준화) (n=32)	자사고 (n=11)	특성화 (대안) (n=15)	대안학교 (각종학교) (n=20)	대안학교 (비인가) (n=91)
기독교학교를 위한 미래 종합대책이 필요하다	81.4	81.3	84.4	59.0	78.6	83.0
	(1.222)	(1.148)	(.944)	(1.506)	(.889)	(1.084)

(F=6.015, df=5, p=.000)

미래 종합 대책 방안에 대해 학교들에게 두 개까지 중복체크를 허용하였다. 학교들은 미래 종합 대책 방안 중에서 '교육의 질 강화(교육과정, 교사)'를 가장 많이 선택하였는데 44.7%이었으며, '기독교학교에 대한 긍정적 인식 확산'이 30.9%로서 그 다음으로 나타나고 있다. 학교 유형별로 응답을 분석해 보니 모든 유형에 있어서 가장 높은 응답은 역시 '교육의 질 강화(교육과정, 교사)'로 동일하였다. 두 번째 높은 응답은 학교별로 차이가 있었는데, 사립초와 사립고는 '학급당 학생 정원 감축'으로 응답하였고, 나머지 학교는 '기독교학교에 대한 긍정적 인식 확산'으로 답하였다.

〈표 1-36〉 미래 종합 대책 방안(중복응답)

N=320, 응답 교사 수(명)/백분율

교육의 질 강화 (교육과정,교사)	기독교학교에 대한 긍정적 인식 확산	다양한 교육대상 발굴	학급당 학생 정원 감축	학교간 통합	교원 감축
143	99	38	33	7	0
44.7%	30.9%	11.9%	10.3%	2.2%	0.0%

〈표 1-37〉 학교 유형에 따른 미래 종합 대책 방안(다중응답 교차분석)

N=189, 응답 교사 수(명)/백분율

	교육의 질 강화 (교육과정 교사)	기독교학교에 대한 긍정적 인식 확산	다양한 교육 대상 발굴	학급당 학생 정원 감축	학교간 통합	교원 감축
사립초 (n=23)	17	7	3	8	1	0
	73.9%	30.4%	13.0%	34.8%	4.3%	.0%
사립고 (n=32)	19	11	7	16	1	0
	59.4%	34.4%	21.9%	50.0%	3.1%	.0%
자사고 (n=11)	10	6	1	3	0	0
	90.9%	54.5%	9.1%	27.3%	.0%	.0%
특성화(대안) (n=15)	9	6	3	2	1	0
	60.0%	40.0%	20.0%	13.3%	6.7%	.0%
대안(각종학교) (n=20	18	15	3	0	0	0
	90.0%	75.0%	15.0%	.0%	.0%	.0%
대안(비인가) (n=88)	70	54	21	4	4	0
	79.5%	61.4%	23.9%	4.5%	4.5%	.0%

V. 종합 논의: 기독교학교의 미래 전망과 대책

기독교학교의 미래에 영향을 끼치는 많은 요인들이 있겠지만 그중에 가장 중요한 요인 중의 하나가 인구통계적인 요인이다. 앞의 논의를 통해 기독교학교에 영향을 주는 세 가지 의미있는 인구통계적인 현상을 파악할 수 있다. 첫째, 학령인구의 변동 요인인데 저출산으로 인하여 빠른 속도로 학령인구가 감소하고 있는데 이미 기독교학교가 그 영향을 받고 있지만 향후 보다 심각한 영향을 미치게 될 것임을 예상할 수 있다. 둘째, 기독교인 인구의 감소인데 기독교에 대한 부정적인 인식과 함께 한국교회의 교인 수가 감소하는 것은 직접적으로 기독교학교의 수요에 영향을 미칠 수밖에 없을 것이다. 셋째, 지역마다 차이는 있지만 기독교학교의 수요와 공급에 대한 체계적인 계획 없이 기독교학교가 설립되고 학생을 모집하게 되는 것으로 인한 학교 간 경쟁으로서 학생 충원의 어려움을 겪게 하거나 심지어는 폐교의 요인이 되기도 한다.

이러한 기독교학교에 대한 인구통계적인 요인들로 인한 부정적인 영향을 극복할 수 있는 대책은 무엇인가? 기독교학교 미래 전망에 대한 의식조사에서도 드러나고 있듯이 기독교학교의 학생 수를 증가시키고 기독교학교를 활성화시킬 수 있는 요소들을 크게 세 가지 요인으로 묶을 수 있을 것이다. 첫째, 기독교 교육의 필요성에 대한 인식 확대이다. 아무리 학령인구가 감소하고 그로 인하여 공교육의 학생 수가 감소하고 폐교되는 상황이 속출한다고 하더라도 학교교육도 기독교적 가치관에 근거한 교육을 해야 할 필요성을 절감하는 부모들이 늘어나게 된다면 기독교학교를 선택하는 가능성은 더 높아지고 기독교학교의 학생 수가 증가하게 될 것이다. 둘째, 기독교학교의 질 제고로서 특히 교육과정과 교사의 수준이 향상됨을 통해 질 높은 기독교적 가르침이 이루어지는 교육의 내실화 요인이다. 기독교학교가 설립되기 시작하던 개척기에는 호기심으로 기독교학교에 다니거나 자녀를 보내는 경우가 있었지만 이제는 기독교학교의 교육성과가 매우 중요하게 충원에 영향을 주는 요인이다. 좋은 교육은 입소문을 통해 학생을 불러 모으는 효과를 나타내게 되는 것이다. 셋째, 재정적인 요인으로서 학비의 부담을 줄여 주는 노력이 필요하다. 기독교학교에서 기독교 교육을 받는 것이 옳고 좋은 것임을 알고 그래서 자녀를 기독교학교에 보내고 싶다고 하더라도 고가의 학비로 인해서 보낼 수 없다면 결국 기독교학교의 학생 수는 감소할 수밖에 없을 것이다.

이러한 논의를 통해 인구통계적인 관점에서 기독교학교의 미래 전망에 대한 하나의 공식을 만들 수 있을 것이다. 즉 미래 기독교학교의 쇠퇴 가능성의 정도는 향후 기독교학교의 학생 수를 감소시키는 인구통계적인 요인의 영향력에서 이를 극복하고 기독교학교의 학생 수를 증가시키고 기독교학교를 활성화시킬 수 있는 요인의 영향력을 감하는 값이라고 할 수 있다. 이를 공식으로 나타내면 다음과 같다.

$$POD = \frac{NI(DP + DC + UP) - PI(NC + ICT + FS)}{100}$$

즉 기독교학교의 쇠퇴 가능성(Possibility of Decline: POD)은 기독교학교에 부정적인 영향(Negative Influence)을 미치는 인구통계적인 세 가지 요인인 학령 인구의 감소(Decrease in Population: DP) 정도와 기독교인 인구의 감소(Decrease in Christian Population: DC) 그리고 기독교학교에 대한 체계적이지 않은 수요, 공급 계획(Unsystematic Plan: UP)의 정도를 더한 값에서 기독교학교에 대한 긍정적인 영향(Positive Influence: PI)을 미치는 세 가지 요인인 기독교 교육의 필요성(Need of Christian Education: NC)의 정도와 기독교학교에서의 교육과정과 교사의 개선(Improvement in Curriculum and Teacher: ICT) 그리고 학생에 대한 재정적인 지원(Financial Support: FS) 정도를 합한 값을 뺀 만큼이라고 할 수 있다. 부정적인 가능성과 긍정적인 가능성을 각각 100점을 기준으로 계산하고, 이를 다시 100으로 나누면 기독교학교의 쇠퇴 가능성을 파악할 수 있는 것이다. 만약 부정적인 영향이 100이라고 할 때 긍정적인 영향이 50 밖에 되지 않는다면 기독교학교의 쇠퇴 가능성은 0.5가 될 것이다. 그런데 긍정적인 영향이 100이 된다면 쇠퇴 가능성은 0이 될 것이고 이는 기독교학교가 쇠퇴하지 않는 것을 의미한다. 그런데 반대로 긍정적인 영향이 100을 훨씬 상회하여 150이 된다면 쇠퇴 가능성이 - 0.5가 되는데 이는 기독교학교의 부흥을 의미하는 것이 될 것이다.

이렇게 볼 때 기독교학교의 미래 전망은 어떻게 하면 기독교학교의 미래에 부정적인 영향을 주는 요인을 줄이고, 기독교학교에 긍정적인 영향을 주는 요인을 증가시키느냐에 달려 있다고 볼 수 있다. 앞에서 살펴 본대로 오늘날의 기독교학교의 상황은 위기적인 상황이라고 할 수 있다. 특히 인구통계적인 관점에서 볼 때 부정적인 요인의 영향력이 강하게 미쳐지고 있다. 우선 저출산, 고령화 현상으로 인하여 학령인구의 수가 급격하게 감소하고 있다. 교회가 중심이 되어 적극적인 출산장려운동을 펼침으로 이러한 인구 감소 현상을 막아야 하지만 아직도 출산율의 증가가 이루어지지 않고 설사 어느 정도의 증가가 가능하더라도 그 효과가 오랜 세월 후에 이루어지기 때문에 이 요인이 기독교학교의 미래에 어두운 그림자를 드리우는 것이 사실이다. 기독교인 인구의 감소 현상도 심각한데 교단과 관계없이 한국교회의 교인 수가 감소하고 있으며 특히 자라나는 세대의 기독교인인 교회학교 학생 수는 급감하고 있다. 이는 기독교인 학령인구의 감소라는 기독교학교 학생 수 충원에 치명적인 요인이 되고 있는 것이다. 한국교회의 신앙의 대 잇기 강조와 교회학교 활성화를 통해 이 요인도 개선될 수 있도록 노력해야 하지만 전체적으로 부정적인 기류를 역류시키는 것은 쉽지 않은 과제임에 틀림없고 이는 기독교학교의 미래를 어둡게 하고 있다. 여기에 기독교학교에 대한 전국 규모의 체계적인 계획 없이 개 교회나 설립자의 판단에 의해 기독교학교가 설립되기 때문에 지역에 따라 수요에 비해 공급이 지나치게 과잉으로 이루어지는 경우가 발생하여 학생 충원을 어렵게 하고 있다. 이 점에 있어서는 기독교학교들이 연합하고 지역별로 균형 있게 기독교학교를 설립하고 운영하기 위한 계획이 수립될 수 있다면 상당 부분 부정적인 영향을 줄일 수 있는 가능성이 있을 것이다.

기독교학교의 미래를 활기차게 할 수 있는 보다 적극적인 방법은 긍정적인 요인을 강화하는 것이다. 무엇보다 기독교 교육의 필요성을 분명하게 인식하게 하는 것이 중요하다. 기독교학교는 꼭 기독교인이 아니어도 입학할 수 있는 학교이지만 기본적으로는 기독교인 부모들과 학생들에게 왜 기독교학교가 필요하고, 기독교적 가치관에 입각한 교육이 중요한 지를 인식시킴으로써 기독교학교를 선택할 수 있도록 도와야 한다. 한국 가톨릭은 2006년도에 "한국 가톨릭학교교육 헌장"을 발표하였는데 거기에는 이런 내용이 들어 있다. "가톨릭 신자인 부모는 자녀를 가톨릭학교에 취학시킬 의무를 지니므로(『교회법전』 제798조 참조) 가톨릭 교회는 가톨릭 교육의 기회를 확대하도록 충분한 노력을 기울인다." 가톨릭 가정의 자녀는 가톨릭학교를 다니는 것이 당연하며 이를 의무로 규정하는 진술이다. 개신교의 기독교학교와 관련된 헌장으로는 2007년 제92회 대한 예수교 장로회(통합) 총회에서 채택된 '기독교학교교육헌장'이 있다. 필자가 이 헌장의 초안을 작성하였고 총회 교육자원부의 기독교학교위원회의 검토를 거쳐 교육자원부의 헌의를 통해 제92회 총회가 이를 채택한 것이다. 이 헌장에는 다음과 같은 선언이 포함되어 있다. "모든 기독교인 가정의 자녀는 기독교 교육을 받아야 한다. 한국교회는 기독교인 가정의 자녀들이 기독교학교를 통해 기독교 교육을 받을 수 있도록 기독교학교를 설립, 지원해야할 사명이 있다." 이 헌장의 내용은 기독교 가정의 자녀가 기독교 교육을 받기 위해 기독교학교를 다니는 것은 당연하며, 한국교회가 이를 지원해야 함을 선포하는 것이다. 이러한 기독교학교교육의 중요성과 당위성을 더 많은 기독교인들에게 홍보함으로 인식을 공유하게 될 때 기

독교학교에 지원하는 학생 수가 증가할 것이다. 최근 기독교 신앙교육의
차원만이 아니라 인성교육을 중요시하는 경향이 강해지면서 기독교학교,
특히 기독교대안학교를 찾는 사람들이 늘고 있는데, 기독교 교육의 중요
성을 다각도로 홍보하여야 할 것이다. 전국의 지역별로 어떤 기독교학교
가 있는지를 홍보하는 홍보지와 소개 동영상 등 다양한 매체를 통해 적극
적으로 기독교학교교육의 필요성 인식을 확산하여야 할 것이다.

　기독교학교의 미래는 기독교학교의 교육의 질에 달려 있다. 공교육과
큰 차이가 없거나 그보다 열악한 교육이 이루어진다면 기독교학교를 선
택하는 사람들은 줄어들 수밖에 없다. 기독교학교의 독특성은 특히 교육
과정과 교사에 의해서 구체화된다. 기독교학교는 기독교적 교육과정이
이루어지는 학교로서 교육내용이 기독교적 가치관에 기초하여 작성되어
야 할 뿐만 아니라 기독교적 교수방법에 의하여 가르쳐져야 한다. 기독교
학교는 공교육의 왜곡된 교육과정, 즉 입시 위주의 교육으로 인하여 '죽어
있는 지식더미'로 전락된 세속적 교육과정을 비판적으로 성찰하면서 끊
임없이 기독교적 교육과정이 되도록 함으로 지성과 인성과 영성이 겸비
된 교육이 이루어지도록 해야 할 것이다. 이러한 교육과정이 학생들의 삶
의 변화로 연결되게 하기 위해서는 교사의 역할이 가장 중요한데 기독교
학교의 기독교사들을 이 역할들을 제대로 감당할 수 있도록 세워줌으로
써 기독교 교육의 가치가 입증될 수 있도록 하여야 한다. 이러한 성숙한
기독교사를 양성하기 위해서는 교사교육에 대한 관심과 연구, 개발이 필
요하며 교사들의 교육복지에도 관심을 갖고 투자하여야 할 것이다.

　기독교학교 학생 수 감소의 실제적인 요인은 재정적인 부담이라고 할
수 있다. 기독자사고의 경우는 일반 고등학교 등록금의 약 세 배에 이르
는 비용을 부담해야 자녀를 입학시킬 수가 있고, 기독교대안학교의 경우

도 학교별로 차이가 크지만 월 평균 50여만 원, 년 평균 600여만 원의 등록금을 요구하기 때문에 이러한 재정적인 부담이 큰 장애로 작용하는 것이 사실이다. 이는 기독교학교의 정체성을 유지하기 위해서는 자율성이 보장되어야 하는데, 이를 위해서는 정부의 지원을 받지 않아야 하기 때문에 학생 부담이 가중될 수밖에 없는 것이다. 이 재정적인 부담을 줄이기 위해서는 몇 가지 방안이 있는데 장기적으로는 외국의 경우처럼 바우처 (Voucher) 제도를 도입하는 것에 대한 연구가 진행될 필요가 있다. 기독교학교에 자녀를 보내는 경우도 교육세를 포함한 모든 세금을 내고 있기 때문에 국민 1인당에 해당하는 교육비를 바우처로 제공받아 이를 자녀가 다니는 사립학교에 제출할 수 있도록 하는 방안이다. 등록금의 일부라도 지원받을 수 있다면 기독교학교 학생 모집에 큰 도움이 될 수 있을 것이다. 교회가 설립한 기독교학교는 해당 교회의 지원을 받는 경우가 많은데, 그렇지 않은 기독교학교들도 지원을 받을 수 있도록 교단별로 '기독교학교 후원회'를 조직하고 이를 활성화시키는 것도 중요한 개선 방안이 될 것이다. 미국 기독교개혁교단(Christian Reformed Church)이 해당 교단 산하의 기독교학교들에게 지원금과 장학금을 제공하는 것은 좋은 사례가 될 수 있을 것이다. 그 외에도 학생들의 재정적인 부담을 줄이기 위한 다각적인 노력을 기울임으로서 긍정적인 영향력을 상승시킬 때 기독교학교의 학생 수가 지속적으로 증가하게 될 것이다.

VI. 나가는 말

  기독교학교의 미래를 인구통계학적으로 전망할 때 결코 낙관적이지 않다. 학령인구의 감소와 기독교인의 감소 그리고 학교 간 경쟁으로 인한 학생 수 감소 등 삼중적인 감소 현상에 직면해 있다. 이를 개선하기 위해서는 이러한 부정적인 영향력을 상쇄시킬 수 있는 긍정적인 요인을 극대화시킬 필요가 있다. 기독교 교육의 필요성 인식을 확산시키고, 기독교학교의 교육과정과 교사의 질을 높여야 하며, 학생들의 재정적 부담을 완화시켜야 한다. 그리고 전국적인 차원에서 기독교학교를 발전시키며, 기독교학교의 외부의 제도적, 구조적인 문제와 내부의 행정적, 교육적인 문제를 개선시킬 수 있는 종합적인 대책이 마련되어야 한다. 기독교학교의 미래는 이런 의미에서 기독교학교교육 생태계가 건강하게 형성될 때 비로소 가능하다고 말할 수도 있을 것이다. 이를 위해서는 인구통계적인 요인만이 아니라 미래 기독교학교에 영향을 줄 수 있는 다양한 요인들을 고려한 연구가 요청되며, 지금까지의 기독교학교 중 폐교한 사례에 대한 보다 심도 있는 분석 연구를 통해 그 원인을 규명하는 연구도 요청된다. 우리나라의 기독교학교들이 오늘날의 이러한 위기적 현실을 오히려 기회로 삼아 미래에 대해 철저히 연구하고 준비함으로 향후 보다 건강한 기독교학교교육이 이루어질 수 있기를 기대한다.

참고 문헌

기독교학교정상화추진위원회. "자사고 문제를 어떻게 볼 것인가". 2014.
　　　10.20.

기독교학교교육연구소. 『희망을 심는 교육: 기독교대안학교 가이드』. 서
　　　울: 예영커뮤니케이션, 2007.

기독교학교교육연구소. 『기독교대안학교 가이드』. 서울: 예영커뮤니케이
　　　션, 2012.

김창환 외. 『국가교육의 장기비전: 향후 10년의 교육비전과 전략』. 서울:
　　　한국교육개발원, 2012.

김도일 편. 『미래시대, 미래세대, 미래교육』. 서울: 기독한교, 2013.

김은혜. "교회와 사회 간의 소통과 공감에 대한 신학적 성찰: 사회적 삼위
　　　일체신학을 중심으로", 장로회신학대학교 연구지원처. 『교회와
　　　언론의 바람직한 관계정립을 위해』. 서울: 장로회신학대학교 출
　　　판부, 2014.

대한민국정부. "2011-2015, 제2차 저출산, 고령사회 기본계획: 새로마지
　　　플랜 2015". 2013.6.

대한예수교장로회총회. 제99회 총회회의록. 2014.

박상진. 『기독교학교교육론』. 서울: 예영커뮤니케이션, 2006.

박상진 외. 『기독교학교의 공공성』. 서울: 예영커뮤니케이션, 2014.

최윤식. 『2020-2040 한국교회 미래지도』. 서울: 생명의말씀사, 2013.

교육부. 2013년 교육기본통계조사 결과 발표. [2013.9.5.접속]. http://

www.moe.go.kr/

2014년 교육기본통계조사 결과 발표. [2014.8.29.접속]. http://www.
        moe.go.kr/

뉴스앤조이. "2004-2013년 주요 교단별 교인 수 추이." [2014.10.10.접
        속]. http://www.newsnjoy.or.kr/

통계청. *2010-2060 장래인구추계: 2010-2060*". [2011.12.7.접속].
        http://www.kostat.go.kr/

한국 천주교 주교회의. "한국 가톨릭 학교교육 헌장: 주교회의 2006년 추
        계 정기총회 승인." [2014.12.27.접속]. http://www.cbck.or.kr/
        bbs/bbs_read.asp?board_id=k7120&bid=13007055.

Carper, James C. and Hunt, Thomas C. ed. *Religious Schooling in
        America*. Birmingham: Religious Education Press, 1984.

Groome, Thomas H. *Will There Be Faith?: A New Vision for Educating and
        Growing Disciples.* New York, NY: HarperOne, 2011.

2장

공교육의 변화와
기독교학교의 대응[1]

김창환 교수
한국교육개발원 선임연구위원

I. 들어가는 말

공교육이란 일반적으로 국가 또는 지방자치단체, 즉 공적(公的) 주체에 의해 설립되고 운영 관리되는 학교교육을 말한다. 공교육은 공익을 위하여 공적 주체가 공적인 절차를 거쳐 결정하는 성격을 갖기 때문에 민간단체(종교단체 포함)가 설립하여 운영하는 사적(私的) 성격의 사립학교 교육과

---

1 본 글은 2014년 11월 29일 기독교학교교육연구소에서 "기독교학교의 미래 전망"을 주제로 개최한 학술대회에서 발표하였고, 후에 수정·보완하여 이 책에 수록하게 되었음을 밝힌다.

구별된다.

그러나 자유주의 국가에서는 교육의 주체를 국가로 제한하지 않고 민간이 주체가 되어 학교를 건립하고 교육을 실시하는 것을 중시하면서, 공교육의 성격에 대한 새로운 규정이 필요하게 되었다. 즉 공교육을 설립주체에 따라 구분하기보다는 '교육의 공공성'의 관점에서 이해하는 것이 적절하다는 입장이 등장하였다(나병현, 2002; 이종태, 2006). 모든 국민이 기회를 균등하게 받아야 하는 교육을 공교육이라고 보고, 그것을 시행하는 주체가 국가가 될 수도 있고, 민간이 될 수도 있다고 보는 입장이다. 그러한 입장에서 우리나라의 사립학교(기독교학교)는 공교육의 범주 안에 편입되어 있다.[2]

본고에서는 공교육의 과거와 현재와 미래를 고찰하고, 이러한 변화 속에서 기독교학교가 어떻게 대응하여야 하는지 그 방향과 방안을 모색하고자 한다. 특별히 공교육의 유형을 모델화하고 국제비교를 통하여 우리 기독교학교의 방향성을 찾아보도록 하겠다.

II. 공교육의 역사와 현재

1. 공교육의 역사

근대 이후 공교육은 루터와 함께 시작한다. 루터가 시작한 종교개혁은

---

2   사립학교가 공교육에 포함되어야 하는 문제는 논란의 대상이고, 이를 다루는 것은 별도의 주제라고 보고, 본고에서는 이 논쟁을 제외하기로 한다.

근대 공교육을 출발시키는 전기를 마련하였다. 루터는 '만인제사장설'을
주창하면서 누구나 교육을 받아야 한다는 주장을 펼쳤다. '만인제사장설'
이란 모든 기독교인들이 사제의 중재 없이 독자적으로 하나님의 계시를
받을 수 있으며, 하나님의 말씀인 성서를 읽고 해석할 수 있다는 점을 강
조하는 사상이다. 따라서 일반 교인들이 이러한 제사장으로서의 직분을
감당하기 위해서는 말씀을 이해하고 해석하며, 이를 전할 수 있는 수준에
도달해야 할 것을 요청하는 것이다. 이를 위해 교육은 필수적인 것으로
이해되었다. 이렇게 종교개혁은 교육의 대상 영역을 소수의 사람들에게
서 모든 사람에게로 확대했다고 할 수 있다.

　종교개혁과 더불어 무엇보다 커다란 개혁을 경험한 교육의 장은 학교
라고 할 수 있다. 교육의 대상을 소수의 성직자에게서 모든 사람에게로
확대하고, 교육의 목적을 '교회'의 유지와 존립뿐만 아니라 '세상나라'의
평화와 질서유지라는 차원으로 확대하여 보았던 종교개혁가들은 교회뿐
만 아니라 '세상'을 위한 교육의 필요성을 제시하였다. 루터는 통치자들이
국가를 바로 보존해야 할 의무가 있고, 국가를 바로 보존케 하기 위해서
는 성장세대를 올바로 교육시키는 것이 필수적이라고 생각했다. 따라서
통치자들과 국가에 교육의 의무가 있음을 주장하였다. 그리하여 국가 차
원에서 학교를 세우고 그곳에서 모든 시민의 자녀들을 교육시켜야 한다
는 공교육의 개념을 제시하였다. 이러한 그의 국가 주도의 공교육 개념이
종교개혁 이후 오늘날까지 유럽사회에서 자리잡게 되었으며, 이 점에서
루터는 서구에서 공교육의 아버지로 평가받고 있다.

　16세기 후반부터 등장하기 시작한 절대국가와 더불어, 교육에 대한 국
가의 간섭이 확대되면서 공교육이 강화된다. 절대국가는 밖으로는 주변
의 작은 영주국가를 침략하여 예속시키고, 식민지를 개척하고, 안으로는

체제정비를 통해 더욱 권력을 공고히 하게 된다. 특별히 30년전쟁과 농민전쟁은 종교에 대한 환멸을 가져옴과 동시에 평화와 안전을 보장할 수 있는 권력의 필요성을 부각시켜, 절대왕정체제를 더욱 공고히 하는 결과를 낳았다. 프랑스의 루이 14세를 대표로 하는 절대왕조는 전 유럽에 퍼졌다. 독일에서는 프로이센이 강력한 절대국가로 영향력을 행사하였다. 국가행정, 재정과 조세제도, 군사력 등이 절대왕조에 의해 정비되고 중앙집권화되며 관료화되었다. 국가는 이제 막강한 힘을 지니게 되었고, 국민들을 훈련시켰다. 국가는 모든 국민들의 삶을 지배하고 통제하게 되었다. 절대국가 아래서는 원칙적으로 두 가지 계층만이 존재하게 되었다. 즉 지배자인 1인의 절대군주와 피지배자인 모든 신하 두 계층만 있는 것이다.

절대국가는 자신의 정치적 목적을 달성하기 위해 교육에 깊은 관심을 기울였다. 절대적 권력을 행사하기 위해서는 국민들이 지금까지의 계층과 지역의 소속에서 벗어나 국가의 국민이라는 의식을 갖는 것이 필요하였다. 절대국가는 교육을 통해 국민 의식과 국민적 자질을 갖추게 하고, 모든 국민을 하나로 통합할 수 있다고 보며, 교육을 강조하고 학교를 세우게 되었다. 즉 절대국가는 교육을 국민의 정치적 사회화(Politische Sozialisation)를 위한 중요 통로로 파악하였다(Wehler, 1987: 282). 복종심, 충성심, 질서의식, 근면, 성실 등의 사고능력과 행위능력 등 절대국가가 필요로 하는 신민으로서의 자질들을 잘 갖추도록 해 필요한 사회영역에서 적절히 이용하려 했다.

이러한 점들을 배경으로, 17세기 초부터 국가가 교육에 더 개입하고, 어린이들을 의무적으로 교육시켜야 한다는 주장이 제기되었다. 1606년 케커만(Bartholomaeus Keckermann, 1571-1609)은 7세 이상의 아동을 대상으로

의무교육을 실시하여야 하고, 국가가 그것을 감독하여야 한다는 주장을
하였다(Titze, 18). 17세기 리얼리즘 교육의 대표자인 라트케(Wolfgang Ratke,
1571-1635) 역시 학교의 설립과 운영 주체, 감독 주체는 교회가 아니고, 국
가이어야 한다고 주장하였다(Titze, 18).

이러한 주장들을 바탕으로 절대국가는 교육을 국가적인 목적을 달성
하기 위한 효율적인 수단으로 활용하기 위하여 특별히 두 가지 측면을 강
조하였다. 첫째, 학교법(Schulordnung)을 제정하였다. 절대국가는 그동안
교회법 안에 있던 학교 관련 규정을 독립시켜 따로 학교법을 제정하였다.
학교법에는 학교를 세우고 유지하는 것을 국가의 의무로 규정하고 있을
뿐 아니라, 교재와 교육내용을 조정하는 권리가 국가에 있음을 명시하고
있다. 둘째로, 절대국가는 의무교육법을 제정하였다. 바이마르(Weimar) 학
교법에서는 1619년에, 고타(Gotha) 학교법에서는 1642년에, 뷔르템베르크
(Württemberg) 학교법에서는 1649년에, 브라운슈바이크(Braunschweig) 학교
법에서는 1651년에, 프로이센 학교법에서는 1717년에 의무교육을 규정
하고 있다. 모든 국민을 의무적으로 교육시켜 국가가 필요로 하는 신민을
양성하려고 한 것이다.

절대국가가 교육에 깊은 관심을 기울이면서, 이제 교육은 더 이상 교회
의 소유물이 아니었다. 교회교육이요, 교회학교였던 독일의 교육과 학교
는 이제 점차적으로 국가교육, 국가학교로 바뀌었다. 루터가 종교개혁의
확대를 위해 강조한 국가학교와 국민교육은 아이러니컬하게도 절대왕조
에 이용되어 절대 국가를 지탱하는 도구로 이용되었다.

1642년에 제정된 고타(Gotha) 교육법은 이러한 절대주의 시대의 교육
정신을 담고 있다는 점에서 주목할 필요가 있다. 교육을 통해 국가를 부
강하게 하고, 국민의 경건성과 도덕성을 키우며, 그들의 삶의 상태를 개

선하고자 노력한 독일 고타의 영주 에른스트(Ernst der Fromme)는 당시 고타의 김나지움 학교장이었던 라이허(A. Reyher)로 하여금 리얼리즘 교육학자 라트케의 교육적 노력을 실천에 옮기도록 하였다. 라이허는 그의 명에 따라 고타 학교법을 1642년 입안했다. 학교의 국가화 과정에서 고타 교육개혁은 주목할 만하다. 고타 교육법은 학교를 국가와 교육전문가의 감독 하에 두는 것으로 규정하였다(Titze, 19). 주목할 것은 총 13장 가운데 제8장 한 장을 특별히 자연적이고 실용적인 과목에 대한 소개와 그것을 가르치는 방법에 대해 할애하고 있다는 점이다. 이 안에서 그는 지금까지 일반적으로 내려오던 읽기, 쓰기, 셈하기, 노래하기, 종교 등의 과목에 자연, 산수, 기하, 지리, 사회 등 실제적인 삶과 관련된 과목을 가르칠 것을 강조하고 있다(Dietrich/Klink, 1972: 85-95).

고타 학교법에서는 지금까지의 종교적인 성격의 초등교육을 세속적인 관심에 따라 움직이는 일반 초등교육으로 전환하였다는 점에서 주목받을 만하다. 또한 실과과목이 처음으로 초등학교 교육에 포함되었다는 점에서 역사적 의미가 크다. 따라서 고타 학교법과 학교교육은 오랫동안 다른 영주국가의 학교법과 학교교육의 모범이 되었다.

1763년 독일 프로이센에서 제정된 교육법 안에는 학교가 국가 기관이라는 점을 천명하고, 의무 교육, 교육감독 및 장학, 국가 교육과정, 교사교육 등 오늘날의 교육법과 거의 유사한 내용을 담고 있다. 특별히 학교가 국가기관이라는 점과 의무교육을 강조하여 국가가 전 국민을 대상으로 교육을 실시하여야 하는 책임이 있음을 분명히 하고 있다. 종교개혁 이후 지속되어 온 교육의 세속화 작업이 이제 하나의 결실을 맺게 된 것이다.

1794년에 제정된 '프로이센 일반지방법'은 독일 공교육의 역사에서 매우 큰 의미를 갖고 있다(Froese/Krawietz, 1968: 127-132). 이것은 교육을 국가기능화하려는 프로이센 학교정책의 정점을 이룬다. 학교는 이제 명백한 국가기관으로 규정되었다. "학교와 대학교는 국가기관으로서 청소년들에게 실용적인 지식과 학문을 가르치는 것을 과제로 삼고 있다."(§1) 그동안 국가의 규제와 간섭으로부터 멀리 있던 학교는 이제 국가의 감독 아래 들어오게 되었다. 더 나아가 가르치는 것이 국가의 허가 아래서만 계획되고 시행될 것을 명시하고 있다(§2). 9장에서는 국가의 감독 권한을 명백히 하고 있다. "모든 공공 학교기관은 국가의 감독에 언제라도 복종해야 한다."(§9) 여기에는 사립교육기관도 포함되었다. 모든 사립교육기관은 지역 학교감독관청의 감독 하에 운영하게 되었다(§4). 국가의 학교에 대한 지배권이 분명히 확인되고 있다. 동시에 학부모의 교육권이 제한되었다. '프로이센 일반지방법'은 기존의 학부모권이 국가에 의해 제한됨을 제시하고 있다. 더불어 국가는 부모에게 미래의 국가 시민을 교육하는 의무를 부과하였다(§43). 학교에 대한 국가의 지배, 학교 감독, 의무교육 등을 주 내용으로 하고 있는 프로이센 핵심 교육정책이 여기서 분명히 드러나고 있다.

18세기 말부터 시작된 의무교육은 19세기에 결실을 거두게 된다. 19세기에 들어와 초·중등 영역에서 교육기회가 전 유럽에서 지속적으로 확대되었고, 독일의 경우 1870년경 초등학교 취학률이 97.5%에 달하였다. 완전 취학이 이루어진 것이다. 여성의 사회 참여가 늘어나면서 19세기 중엽부터 여성 운동이 시작되었다. 프뢰벨의 영향에 따라 유치원이 설립되면서 유치원 교사로서 여성의 사회참여가 더욱 활발하게 된 것이다. 여성의 자유와 권리 증진 노력의 일환으로 19세기 말에는 여학생만을 위한 '여학교'가 독일과 유럽 사회에서 확산되게 된다.

20세기에 들어와 교육이 대중화되면서 국가의 역할이 더욱 강조되었다. 오늘날 대분의 국가에서 교육은 국가의 핵심 관심사가 되었고, 교육은 국가가 수행하여야 하는 가장 중요한 임무 가운데 하나가 되었다. 대부분의 국가에서 학교를 세우고, 자라나는 성장세대를 가르치고 있다. 그러나 교육이 대중화되면서 국가의 힘만으로 모든 교육을 담당하기에는 어려움이 있었다. 그러면서 자연스럽게 민간이 교육에 참여하는 구조가 형성되었다. 민간에서도 학교를 세우고 학생들을 가르치는 것이 장려되었다. 이와 더불어 수많은 사립학교들이 건립되었다.

2. 공교육의 개념과 범위

국가 또는 민간단체가 공익을 위하여 수행하는 공교육의 개념은 다양하게 규정될 수 있다. 여기서는 헌법과 교육법을 중심으로 공교육의 의미를 살펴보고자 한다.

1) 헌법 정신에 따른 공교육

"유구한 역사와 전통에 빛나는 우리 대한국민은 … 자율과 조화를 바탕으로 자유민주적 기본질서를 더욱 확고히 하여 정치·경제·사회·문화의 모든 영역에 있어서 각인의 기회를 균등히 하고, 능력을 최고도로 발휘하게 하며, 자유와 권리에 따르는 책임과 의무를 완수하게 하여, 안으로는 국민생활의 균등한 향상을 기하고 밖으로는 항구적인 세계평화와 인류공영에 이바지함으로써…"
(헌법 전문)

우리나라 헌법 정신에 따르면 공교육은 다음과 같은 세 가지 책무를 갖고 있다. 첫째, 모든 국민들에게 기회를 균등하게 제공하는 것이다. 인간의 삶의 기회에 있어서 교육 기회가 가장 중요한 역할을 차지하기 때문에, 교육의 기회를 균등하게 제공하는 것이 공교육의 첫 번째 책무이다. 둘째, 모든 국민의 능력을 최고도로 계발하는 것이다. 모든 국민은 각각 타고난 재능과 능력이 있다. 이것을 최고도로 계발하는 것, 즉 자아를 실현하는 것이 공교육의 두 번째 책무이다. 셋째, 민주시민을 양성하는 것이다. 대한민국은 자유민주주의 국가이다. 이러한 이념에 부합하는 성숙한 시민을 양성하여 국민들이 책임과 의무를 다하도록 하는 것이 공교육의 세 번째 책무이다.

2) 교육기본법에 담겨 있는 공교육

제1조(목적) 이 법은 교육에 관한 국민의 권리·의무 및 국가·지방자치단체의 책임을 정하고 교육제도와 그 운영에 관한 기본적 사항을 규정함을 목적으로 한다.

제2조(교육이념) 교육은 홍익인간(弘益人間)의 이념 아래 모든 국민으로 하여금 인격을 도야(陶冶)하고 자주적 생활능력과 민주시민으로서 필요한 자질을 갖추게 함으로써 인간다운 삶을 영위하게 하고 민주국가의 발전과 인류공영(人類共榮)의 이상을 실현하는 데에 이바지하게 함을 목적으로 한다.

제3조(학습권) 모든 국민은 평생에 걸쳐 학습하고, 능력과 적성에

따라 교육받을 권리를 가진다.

제4조(교육의 기회균등)

① 모든 국민은 성별, 종교, 신념, 인종, 사회적 신분, 경제적 지위 또는 신체적 조건 등을 이유로 교육에서 차별을 받지 아니한다.

② 국가와 지방자치단체는 학습자가 평등하게 교육을 받을 수 있도록 지역 간의 교원 수급 등 교육 여건 격차를 최소화하는 시책을 마련하여 시행하여야 한다.

제7조(교육재정)

① 국가와 지방자치단체는 교육재정을 안정적으로 확보하기 위하여 필요한 시책을 수립·실시하여야 한다.

② 교육재정을 안정적으로 확보하기 위하여 지방교육재정교부금 등에 관하여 필요한 사항은 따로 법률로 정한다.

제8조(의무교육)

① 의무교육은 6년의 초등교육과 3년의 중등교육으로 한다.

② 모든 국민은 제1항에 따른 의무교육을 받을 권리를 가진다.

제9조(학교교육)

① 유아교육·초등교육·중등교육 및 고등교육을 하기 위하여 학교를 둔다.

② 학교는 공공성을 가지며, 학생의 교육 외에 학술 및 문화적 전통의 유지·발전과 주민의 평생교육을 위하여 노력하여야 한다.

③ 학교교육은 학생의 창의력 계발 및 인성(人性) 함양을 포함한
전인적(全人的) 교육을 중시하여 이루어져야 한다.

제11조(학교 등의 설립)
① 국가와 지방자치단체는 학교와 사회교육시설을 설립·경영한다.
② 법인이나 사인(私人)은 법률로 정하는 바에 따라 학교와 사회
교육시설을 설립·경영할 수 있다.

제16조(학교 등의 설립자·경영자)
① 학교와 사회교육시설의 설립자·경영자는 법령으로 정하는 바
에 따라 교육을 위한 시설·설비·재정 및 교원 등을 확보하고 운용
·관리한다.
② 학교의 장 및 사회교육시설의 설립자·경영자는 법령으로 정하
는 바에 따라 학습자를 선정하여 교육하고 학습자의 학습성과 등
교육의 과정을 기록하여 관리한다.
③ 학교와 사회교육시설의 교육내용은 학습자에게 미리 공개되
어야 한다.

제17조(국가 및 지방자치단체) 국가와 지방자치단체는 학교와 사회
교육시설을 지도·감독한다.

교육기본법에 나타난 공교육 정신은 다음과 같이 정리할 수 있다. 첫
째, 공교육에서 국가의 역할이 중요하다는 점이다. 국가는 교육에 관한
국민의 권리를 보장하고, 이를 위해 교육재정을 확보하며, 학교교육을 지

도하고 감독할 책무를 갖고 있다는 점을 명시하고 있다. 둘째, 교육의 공공성이 강조되고 있다는 점이다. 의무교육과 더불어 교육의 기회를 균등히 제공하는 것이 중요하다는 점을 명시하고 있다. 셋째, 교육의 형평성이 강조되고 있다는 점이다. 누구에게나 평등하게 차별 없이 교육기회를 제공하여야 한다는 점이 명시되어 있다.

3. 공교육의 기능

헌법과 교육기본법에서 확인할 수 있는 공교육은 공익을 목적으로 국가 또는 민간에 의하여 설립된 교육기관에서 운영되는 교육을 말한다. 공교육의 대표적인 기능은 크게 네 가지로 살펴볼 수 있다.

첫째, 보편적 기회(의무교육)로 모든 국민들에게 교육의 기회를 균등하게 제공하는 것이다. 교육의 기회는 삶의 기회의 선취요, 미래의 삶에서 매우 중요한 요소가 된다. 우리 헌법에는 이 점을 명시하고 있다. 교육기본법에서도 이를 위해 보편교육인 의무교육을 제공하여야 하는 점을 명시하고 있다.

둘째, 평등한 기회(평등 추구, 격차 해소)로 평등한 기회를 제공하고 격차를 줄이는 것이다. 모든 학생에게 평등한 교육기회를 제공하고, 성별, 종교, 신념, 인종, 사회적 신분, 경제적 지원, 신체적 조건 등에 따른 차별을 없애고 격차를 줄이는 것이다.

셋째, 능력계발 및 전인교육으로 국민 개개인의 능력을 최대한 발휘하도록 하는 것이다. 개인의 성취와 성공적인 삶은 국가가 보장하여야 하는 것이고, 교육은 그것을 이루는 통로가 된다.

넷째, 민주시민 양성 및 국가사회 발전으로 국가사회 발전에 기여하는 것이다. 교육은 개인의 성공적인 삶을 위해서도 중요하지만, 국가사회의 발전에도 중요한 기능을 담당한다. 민주시민을 양성하여 국가의 발전 및 인류공영에 이바지하는 것이 공교육이 수행하여야 할 책무로 제시되고 있다.

4. 공교육의 유형

공교육을 수행하는 데 있어서 국가의 개입을 어느 정도까지 할 것인지, 민간의 역할을 어느 정도까지 인정할 것인지에 따라 공교육의 모습이 달라진다. 여기서는 미국, 독일, 한국을 중심으로 공교육의 모습을 유형화하고 비교하도록 하겠다.

1) 공교육의 유형

(1) 독일의 공교육 모델

공교육이 탄생한 독일의 경우, 공교육에서 국가의 역할이 절대적이다. 초등학교에서부터 대학교까지 대부분의 교육기관이 국가 또는 지방자치단체가 설립한 학교이고, 사립학교는 매우 적은 비율을 차지하고 있다.

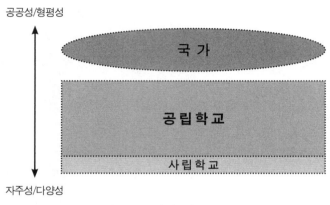

[그림 2-1] 독일의 공교육 모델

(2) 미국의 공교육 모델

개인의 자유 선택을 강조하는 자유주의 이념이 지배하는 미국의 경우 공교육에서 국가의 개입을 최소화하는 것이 주요 특징이다. 반대로 민간의 역할이 강조되면서 교육의 모습이 다양하게 운영되고 있다. 공립학교, 사립학교, 대안학교, 홈스쿨링까지 다양한 교육기관이 설립, 운영되고 있다.

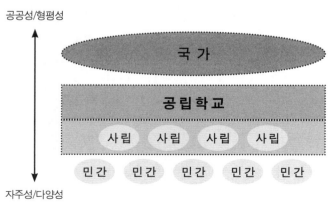

[그림 2-2] 미국의 공교육 모델

(3) 한국의 공교육 모델

한국의 공교육 모델은 독일과 미국의 중간 위치에 있다고 할 수 있다. 국가와 민간이 동시에 주체가 되어 학교를 설립하여 운영하고 있다. 최근에는 국가의 역할이 강화되는 방향으로 변화하고 있다.

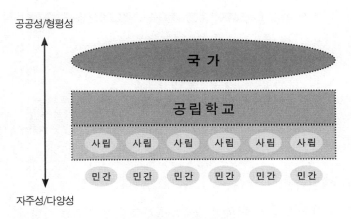

[그림 2-3] 한국의 공교육 모델

2) 국가별 비교

공교육을 추구하는 주요 가치(균등한 기회, 교육투자, 교육복지)에 따라 위의 세 가지 유형의 공교육을 비교하도록 하겠다.

(1) 균등한 교육기회

① 취학률(Enrollment Rate)

취학률은 교육을 얼마나 받고 있는지를 측정하는 지표로서, 교육기회를 살펴보는 데 가장 중요하게 사용된다. 독일이 92%로 가장 높고, 한국이 86%, 미국이 80%로 나타났다.

15-19세의 취학률(2011)

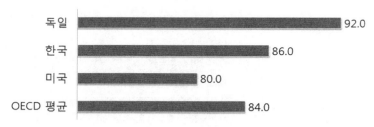

[출처] OECD(2013). Education at a Glance.

② 대학입학률(Entry Rates into Tertiary Education)

대학입학률의 경우, 미국이 72%로서 가장 높은 것으로 나타났고, 한국이 69%, 독일이 46%인 것으로 나타났다.

대학입학률

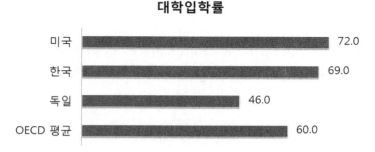

[출처] OECD(2013). Education at a Glance.

③ 고졸 학력자 비율(Population with at least upper Secondary Education)

젊은 층인 25-34세 인구 가운데 고등학교를 졸업한 인구 비율은 한국이 98%로 가장 높고, 미국이 89%, 독일이 87%로 나타났다.

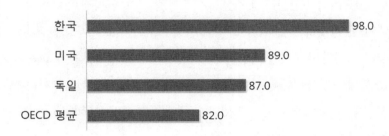

25-34세 고등학교를 졸업한 인구의 비율(2011)

[출처] OECD(2013). Education at a Glance.

④ 대졸 학력자 비율(Population with Tertiary Education)

25-34세 젊은 층 인구 가운데 대학을 졸업한 인구 비율은 한국이 64%로 가장 높고, 미국이 43%, 독일이 28%인 것으로 나타났다.

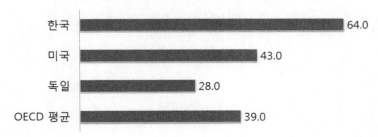

25-34세 대학을 졸업한 인구의 비율(2011)

[출처] OECD(2013). Education at a Glance.

(2) 교육 투자

균등한 교육기회 실현을 위해서는 모든 사람들에게 교육에 대한 접근을 용이하게 하는 형식적 기회균등도 중요하지만, 가정적 배경 등 환경적 요인에 의한 차이를 줄이고 보정하는 실질적 기회균등도 중요하다. 특히, 사적인 교육이 강화되고 사부담 교육비가 늘어날수록 교육 격차가 확대되어, 교육기회가 균등하게 제공되지 못하게 되고, 따라서 기회의 형평성에 문제가 발생하게 된다. 이러한 측면에서 국가가 교육기회를 균등하게 제공하기 위하여 투자를 확대하는 것이 중요하다. 교육투자가 교육의 기회를 확대하고 불평등한 기회를 교정한다는 차원에서 선진국에서는 교육투자에 많은 노력을 기울이고 있다. 보편적이고 균등한 교육을 제공하기 위한 국가의 노력이 높을수록 형평성이 높아진다고 판단할 수 있다.

① GDP 대비 공교육비 투자(Expenditure on Educational Institutions as a Percentage of GDP)

GDP 대비 공교육비 투자는 국가 GDP에 비하여 학교교육에 투자한 규모가 어느 정도 되는지를 판단할 수 있는 데이터이다. 2008년 한국은 GDP 대비 공교육비가 7.6%로서 미국(7.2%), 독일(4.8%)에 비하여 높은 것으로 나타났다.

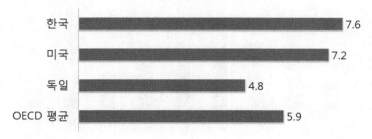

GDP 대비 공교육비(2008)

한국   7.6
미국   7.2
독일   4.8
OECD 평균   5.9

[출처] OECD(2011), Education at a Glance.

② 민간 부담 공교육비 비율(Private Expenditure on Educational Institutions as a Percentage of GDP)

공교육비 투자는 정부가 투자한 것과 민간이 투자한 것을 합한 수치이다. 정부가 투자한 것을 '공부담 공교육비'라고 부르고, 민간이 투자한 것을 '사부담 공교육비'라고 부른다. 전체 공교육비 가운데 민간이 투자한 공교육비 비율을 살펴보면, 우리나라(2.8%)가 가장 높은 것으로 나타났다. 미국(2.2%)로 뒤를 잇고 있고, 독일의 경우에는 공식 통계가 없으나 오스트리아 수준으로 매우 낮은 것으로 추정된다.

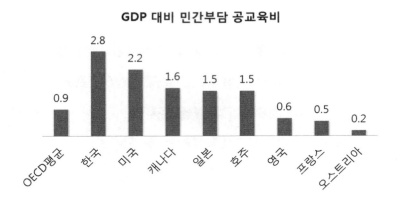

GDP 대비 민간부담 공교육비

[출처] OECD(2013). Education at a Glance.

우리나라의 경우 공부담 공교육비가 GDP 대비 4.8%로서 OECD 평균 (5.4%)보다 낮은 수준이다. 반면, 민간이 투자한 비율을 살펴보면, 우리나라의 경우 2.8%로서 OECD 평균(0.9%)보다 월등히 높을 뿐 아니라, 전체 OECD 국가 가운데 가장 높은 비율이다. 즉 학교교육을 위하여 정부가 투자한 비율은 OECD 평균보다 낮고, 민간이 투자한 비율은 OECD 평균보다 훨씬 높다는 것을 말한다. 이 점은 공교육을 위하여, 즉 균등한 교육기회를 제공하기 위하여 가계의 부담을 줄이고 정부의 투자가 더 많아져야 한다는 점을 의미한다.

③ 가계부담 공교육비(Household Expenditure on Educational Institutions)

민간이 투자하는 공교육비는 학부모가 부담하는 공교육비와 기타 민간기관이 지출하는 공교육비로 구분된다. 한국이 27.7%로서 높은 것으로 나타났고, 미국이 24.5%로서 뒤를 잇고 있다.

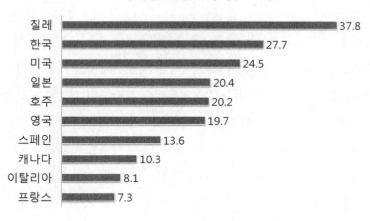

가계부담 공교육비(2010)

칠레	37.8
한국	27.7
미국	24.5
일본	20.4
호주	20.2
영국	19.7
스페인	13.6
캐나다	10.3
이탈리아	8.1
프랑스	7.3

[출처] OECD(2013). Education at a Glance.

국가가 교육의 기회를 균등하게 제공하기 위하여 충분히 투자하고 있는지 살펴본 결과, 독일의 정부부담 교육비 투자가 높은 것으로 나타났다. 반면, 한국과 미국의 경우, 민간부담 교육비 비중이 높은 것으로 확인되었다.

종합적으로 볼 때, 우리나라의 교육비 투자 규모는 OECD 국가 가운데 가장 높은 수준이나, 이 가운데 가계가 부담하는 비율이 대단히 높은 것이 특징이다. 민간부담 교육비는 그 안에 격차를 내포하고 있기 때문에 가계부담 교육비의 비율이 높다는 것은 교육격차가 확대되고 균등한 교육기회 실현에 역행할 수 있다는 것을 의미한다. 국가가 양질의 교육기회를 균등하게 제공하는 것이 중요하다는 관점에서 볼 때, 향후 국가의 교육 투자가 더욱 확대될 필요가 있다. 불균등한 교육기회의 원천인 사교육비를 줄이는 것도 국가사회적 과제로 제기되고 있다.

(3) 교육 복지

① 의무교육(Compulsory Education)과 무상교육(Free Education)

무상교육은 자녀가 받는 교육에 대하여 보호자에게 경비를 부담시키지 않고, 국가 또는 지방자치단체가 교육비를 부담하여 제공하는 교육을 말한다. 의무교육은 반드시 받아야 하는 교육을 말하고(취학의무), 무상교육은 국가가 경비를 부담하는 교육을 말한다. 대체적으로 의무교육과 무상교육은 동일한 것으로 받아들여지고 있지만, 의무교육으로 규정하고 학부모에게 경비를 부담시키는 경우도 있고, 의무교육으로 규정하고 있지는 않지만 필요에 의하여 무상교육을 실시하는 경우도 있다(예, 5세 누리 과정).

의무교육 종료 연령의 경우, 독일이 18세로 가장 높고, 미국이 17세, 한국의 경우 의무교육 종료연령이 14세로 OECD 국가 가운데 가장 낮은 것으로 나타났다.

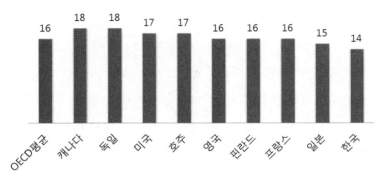

의무교육 종료 연령
Ending age of compulsory education

[출처] OECD(2013). Education at a Glance.

　무상교육의 경우 독일 등 복지국가들은 유치원부터 대학까지 무상교육을 제공하고 있는 것으로 나타났다. 반면, 한국과 일본의 경우, 중학교까지 무상교육을 제공하고 있는 것으로 드러났다. 우리나라의 경우, 누리과정 도입을 통하여 유아교육 단계의 무상교육이 이제 시작되었고, 향후 고등학교 단계의 무상교육이 과제로 제시되고 있다.

　② 아동 및 보육지원율

　아동 및 보육지원율을 국가별로 살펴보면, 독일이 81.6%로 높은 편이고, 한국이 70.8%로 중간 수준, 미국이 42.3%로 낮은 것으로 나타났다.

<표 2-1> 아동 및 보육지원율 국가별 순위

순위	국가	보육지원율(%)	순위	국가	보육지원율(%)
1	Belgium	96.0	16	Slovak Republic	65.9
2	Italy	91.9	17	Finland	63.7
3	France	89.6	18	New Zealand	62.3
4	Spain	88.8	19	Austria	61.8
5	Norway	82.3	20	United Kingdom	61.6
6	Denmark	82.2	21	Australia	54.6
7	Germany	81.6	22	Netherlands	49.7
8	Luxembourg	80.6	23	Greece	44.5
9	Hungary	80.5	24	Mexico	44.5
10	Sweden	79.9	25	United States	42.3
11	Iceland	78.9	26	Canada	42.0
12	Japan	76.7	27	Poland	36.7
13	Portugal	75.7	28	Switzerland	35.0
14	Czech Republic	74.8	29	Ireland	32.2
15	Korea	70.8	30	Turkey	10.3

[출처] 김용하 외(2011). OECD 국가의 복지지표 비교 연구. 한국보건사회연구원

③ 공공 사회복지 지출(Public Social Spending)

공적 사회복지 지출을 살펴보면, 독일이 25.2%로 높은 편이고, 미국이 16.2%로 나타났고, 한국은 7.5% 가장 낮은 편에 속한다.

〈표 2-2〉 공공 사회복지 지출 국가별 순위

순위	국가	복지지출(%)	순위	국가	복지지출(%)
1	France	28.4	16	Netherlands	20.1
2	Sweden	27.3	17	Poland	20.0
3	Austria	26.4	18	Czech	18.8
4	Belgium	26.3	19	Japan	18.7
5	Denmark	26.1	20	Switzerland	18.5
6	Germany	25.2	21	New Zealand	18.4
7	Finland	24.9	22	Canada	16.9
8	Italy	24.9	23	Ireland	16.3
9	Hungary	23.1	24	United States	16.2
10	Portugal	22.5	25	Australia	16.0
11	Spain	21.6	26	Slovak	15.7
12	Greece	21.3	27	Iceland	14.6
13	Norway	20.8	28	Turkey	10.5
14	Luxembourg	20.6	29	Korea	7.5
15	United Kingdom	20.5	30	Mexico	7.2

[출처] 김용하 외(2011). OECD 국가의 복지지표 비교 연구. 한국보건사회연구원

공교육 모델별로 공교육 가치가 구현되는 현황에 차이가 있다는 점을 확인하였다. 이를 표로 정리하면 다음과 같다.

<표 2-3> 국가유형별 공교육 가치

공교육 가치	미국 모델 (민간중심)	독일 모델 (국가중심)	한국 모델 (복합적)
교육 기회 제공	○ ○ ○ ○ ○	○ ○ ○ ○ ○	○ ○ ○ ○ ○
국가의 교육 투자	○ ○ ○	○ ○ ○ ○ ○	○ ○ ○ ○
교육 복지	○ ○ ○ ○	○ ○ ○ ○ ○	○ ○ ○

* ○ : 수준 정도 표시(예시, ○ : 매우 낮은 수준, ○ ○ ○ ○ ○ : 매우 높은 수준)

Ⅲ. 한국 공교육의 변화와 미래

여기서는 공교육의 변화를 살펴보고 공교육의 미래를 전망하고자 한다. 먼저, 한국 공교육의 발전과정과 성취를 살펴보고, 한국 공교육의 과제를 고찰하도록 하겠다. 더불어 선진국의 공교육 모델을 살펴보면서 우리 공교육의 미래 방향을 전망하고자 한다.

1. 한국 공교육의 발전과정과 성취

1) 교육기회의 확대

우리나라 학생들의 교육기회는 급팽창하였다. 초등교육은 1960년대 초 의무교육 6개년 계획의 성공적인 추진을 통해 교육기회를 급속히 확대하여 거의 완전취학을 달성하였다. 중등교육단계에서는 중학교까지의 9년제 의무교육의 시행과 중등교육의 평준화 정책으로 교육규모가 양적으로 급성장하게 되면서 교육기회의 확대와 동시에 균등화를 실현하였다.

대학교육 분야에서도 한국 교육은 큰 성장을 이루어, 현재 한국의 대학교
육 진학률은 70.9%(2014)로 세계 최고 수준에 속한다.

〈표 2-4〉 각급학교 취학률 (1965~2013)

연도	초등학교	중학교	고등학교	대학교
1965	88.9	-	-	-
1970	92.0	36.6	20.3	-
1975	97.8	56.2	31.3	-
1980	97.7	73.3	48.8	11.4
1985	-	82.0	64.2	22.9
1990	100.5	91.6	79.4	23.6
1995	98.2	93.5	82.9	36.0
2000	97.2	95.0	89.4	52.5
2005	98.8	94.6	91.0	65.2
2010	99.2	97.0	91.5	70.1
2013	97.2	96.2	93.6	68.7

[출처] 한국교육개발원 교육통계 DB.

2) 국가의 교육투자 확대

정부 수립 이후 지금까지 교육재정도 크게 확대되었다. 1948년 정부수
립 당시 교육부 예산은 1,747천 원에 불과하였으나, 60년이 지난 2013년
에는 53조 7,157억 원에 이를 정도로 대폭 증가하였다. 이에 따라 학생당
교육예산도 크게 증가하였다. 1970년 1만 원 수준에 머물던 학생 1인당
교육예산이 2010년에 초등학생은 6,601천 원, 중학교 6,652천 원, 고등학
교 9,477천 원으로 증가하였다.

<표 2-5> 교육단계별 학생 1인당 공교육비

(단위 : 천 원)

구분 연도	교육단계별 학생 1인당 연간 공교육비				
	초등교육	중등 교육			고등교육
		중등 전기	중등 후기	중등 전체	
1997	3,308	3,374	3,652	3,518	6,844
1998	2,838	3,374	3,692	3,544	6,356
1999	2,838	3,208	3,597	3,419	5,356
2000	3,155	3,655	4,440	4,069	6,118
2001	3,714	4,612	5,681	5,159	6,618
2002	3,553	5,036	6,747	5,882	6,047
2003	4,098	5,425	7,442	6,410	7,089
2004	4,490	6,057	7,485	6,761	7,068
2005	4,691	5,661	7,765	6,645	7,606
2006	4,935	5,719	9,060	7,261	8,564
2007	5,437	6,287	9,620	7,860	8,920
2008	5,420	6,307	9,666	7,931	9,081
2009	6,658	7,536	11,300	9,399	9,513
2010	6,601	6,652	9,477	8,060	9,972

[출처] OECD 교육지표(각년도).

3) 교육복지의 확대 및 격차 해소

무상교육도 점차적으로 확대되고 있다. 우리나라는 초등학교에서 중학교까지 무상교육을 제공한다. 최근 유아교육 분야에서 누리과정이 실시되면서 유아교육에 대한 투자와 더불어 교육복지가 확대되고 있고, 더불어 무상급식이 전면적으로 실시되면서 교육복지가 대폭 확대되고 있다.

<표 2-6> 무상 교육 종료 단계

국가	무상교육 기간	비고
독일	모든 교육	유치원부터 대학까지(단, 공립만)
스웨덴	모든 교육	유치원부터 대학까지
핀란드	모든 교육	유치원부터 대학까지
영국	12년	고등학교까지
일본	9년	중학교까지
한국	9년	중학교까지

역경극복학생 비율(취약계층 학생 가운데 고성취를 보인 학생 비율) 지표에서
한국이 14.0%로 비교 대상 국가 중 1위를 차지하였고, 핀란드가 11.4%로
2위를 차지하였다. 미국이 7.2%로 나타났고, 독일은 5.7%로 나타났다.

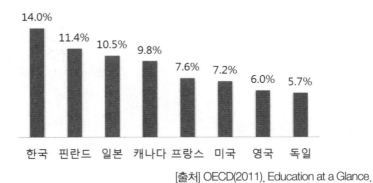

취약계층 학생 가운데 고성취학생 비율

[출처] OECD(2011). Education at a Glance.

4) 한국 공교육의 성취

(1) 국제학업 성취도평가(PISA) 결과

우리나라는 국제학업 성취도평가에서 매우 좋은 성적을 거두고 있다. 2000년부터 2009년까지 총 5회 평가에서 OECD 국가 가운데 핀란드와 함께 가장 좋은 성취도를 보이는 국가로 확인되었다. 학업 성취도 측면에서 우리나라 학생들의 경쟁력은 세계 최고 수준이라고 평가할 수 있다.

〈표 2-7〉 국제학업 성취도 평가(PISA) 결과

	PISA 2000	PISA 2003	PISA 2006	PISA 2009	PISA 2012
읽기	6위	2위	1위	2-4위	1-2위
수학	3위	3위	1-4위	3-6위	1위
과학	1위	4위	7-13위	4-7위	2-4위

[출처] OECD(각년도). Education at a Glance.

(2) 학생의 사회적 역량 수준

그러나 한국청소년들의 사회적 역량 수준은 낮은 것으로 나타났다. 2009년 국제교육협회(IEA) 조사 결과에 따르면, 36개국 가운데 우리나라는 35위로 최하위권을 차지하였다.

〈표 2-8〉 사회적 역량 지표 점수와 국가 간 비교 결과

	관계지향성 (참여)	사회적 협력 (신뢰)	갈등관리	순위
태국	82.20	62.00	452	1
뉴질랜드	58.30	43.50	517	11
영국	58.00	42.50	519	12

	관계지향성 (참여)	사회적 협력 (신뢰)	갈등관리	순위
대만	61,00	18,50	559	23
한국	48,30	13,00	565	35
전체평균	62,97	36,42	500,03	

[출처] 김기헌(2011), 2010 한국청소년 핵심 역량진단조사 기초분석 보고서.

2013년 한국교육개발원에서 중학생들의 역량 수준을 조사한 결과, 전체적으로 보통 수준의 역량을 갖고 있는 것으로 나타났다(김창환 외, 2013). 지적 역량은 매우 높은 것으로 나타났으나, 신체역량과 시민역량은 매우 낮은 수준인 것으로 나타났다.

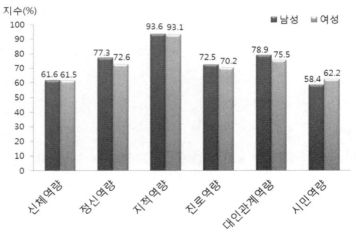

[그림 2-4] 중학생 역량지수

고등학생들의 역량 수준 역시 보통 수준인 것으로 나타났다. 고등학생들의 지적 역량은 높은 것으로 나타났으나, 신체역량과 시민역량은 매우 낮은 수준인 것으로 나타났다.

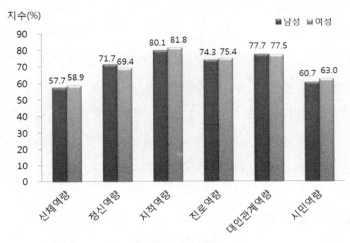

[그림 2-5] 고등학생 역량지수

지금까지 살펴본 바와 같이, 한국 교육은 지난 60년 동안 큰 성취를 이루었다. 교육의 기회가 대폭 확대되었고, 교육에 대한 투자와 교육 복지 수준이 지속적으로 높아졌다. 학력 수준과 학업 성취가 세계 최고 수준이다. 그러나 전인적 역량 계발, 공동체성 교육 등 해결하여야 할 과제도 제기되고 있다. 한국 교육의 발전과정을 기초로 미래를 전망하면 다음과 같다.

〈표 2-9〉 한국 공교육의 과거, 현재, 미래

	영역	과거	현재	미래
투입	교육기회	하	상	상
	교육투자	하	상	상
	교육복지	하	중	상
산출	학업 성취	상	상	상
	전인적 성취	하	중하	중

2. 한국 공교육의 미래 전망

우리나라 공교육은 지난 60여 년간 크게 성장하였다. 그러나 동시에 해결하여야 할 과제도 제기되고 있다. 여기서는 우리나라가 현재 갖고 있는 국가사회적 과제를 기초로 하여 한국 공교육이 향후 어떤 과제를 갖고 있는지, 그것을 해결하기 위하여 어떻게 변화될 것인지 전망하도록 하겠다.

1) 교육과 경제발전

한국의 공교육은 한국의 경제발전에 크게 기여하였다. 국민기본교육에 해당하는 초중등교육을 충실히 실시함으로써 대한민국 국민으로서 필수적으로 요구되는 기본적 자질을 갖춘 민주시민을 양성할 수 있었고, 충실한 기초교육의 기반 위에 국가사회발전에 필요한 각 분야의 고급두뇌와 산업인력을 양성할 수 있었다. 이런 성과로서 국민들의 정치적 가치관을 근대화시키고, 정치적 참여의식을 고취시키며, 정치지도자를 양성하여 오늘날의 민주화를 성취할 수 있었다. 그리고 경제발전과정에서 산업인력을 적기에 양성·공급함으로써 '한강의 기적'으로 일컬어지는 산업화를 실현할 수 있었다. 또한 오늘의 학문발전과 산업발전을 견인해 준 과학기술발전도 충실한 초중등교육이 있었기에 가능하였다고 볼 수 있다.

우리나라는 사회의 경제 상황이 변화됨에 따라, 혹은 이러한 변화를 주도하기 위해 경제성장전략과 연계된 교육정책을 추진해 왔다(Lee, 2008). 1960년대에는 초등교육을 완성시키는 교육정책을 활용하여 노동 집약적 산업화를 달성하였다. 1970년대에는 중등교육을 확대시키고, 실업교육을 진흥하며, 전문계 고등학교를 육성하는 등의 정책으로 자본 집약적 중화학 공업을 뒷받침하였다. 그리고 1980년에서 1990년대로 이어지면서 대학교육을 양적, 질적으로 확대시킴으로서 기술 집약적 산업화의 토대를 마련하였고, 2000년대에는 교육을 인적자원개발의 보다 포괄적인 의미로 재정의하고 인적자원개발 정책을 통해서 지식기반 정보화를 가속시키는 데에 기여하였다. 즉 경제성장으로 교육이 확대된 것처럼, 교육 역시 경제성장을 뒷받침하고 주도하는 상호보완적 역할을 했음을 알 수 있다. 경제발전 전략과 교육발전 전략이 긴밀한 관계를 맺으며, 교육이 국가 발전에 기여하였다고 평가할 수 있다.

〈표 2-10〉 한국의 경제발전과 교육정책의 협응관계

국가발전 단계		경제발전	교육정책
1단계(1945~1960)		농업사회, 전후 재건기 수입대체공업화	교육 기본체제의 확립 초등교육의 보편화
2단계	1960년대	경공업 중심의 노동집약적 산업화	중등교육의 팽창 직업기술·훈련 확충
	1970년대	중화학 공업화, 대기업 육성	
3단계 (1980~1990년대 중반)		기술·지식·정보 집약적 산업화	고등교육의 확대
4단계 (1990년대 중반~현재)		세계화·정보화· 지식기반경제로 진입	고등교육의 대중화, 교육정보화, 평생교육, 국가 인적자원개발

[출처] 이상진(2008), 94p.

2) 교육과 사회발전

최근 우리 사회에서 국가 발전의 주관심사가 경제에서 사회로 바뀌고 있다. 경제와 사회가 함께 발전하여야 경제선진국뿐 아니라 사회선진국으로 도달할 수 있다는 주장이 사회적 공감대를 형성해 가고 있는 것이다.

그동안 우리나라는 경제발전을 최우선 국정 과제로 설정하고, 그 목표를 성취하기 위하여 앞만 보고 달려왔다. 경쟁력 제고와 지속적인 성장 동력 확보를 국가적 아젠다로 설정하고 성공적으로 추진하여 왔다. 그러한 노력 덕분에 한국 전쟁 이후 세계 최빈국에서 60년이 지난 지금 경이로운 경제 성장을 이루어 냈고, 이제 선진국 진입을 앞두고 있다. 그러나 최근 그러한 성장 모델만으로는 선진국에 진입하기 어렵다는 문제제기가 활발하다[3]. 경제적 성장 목표는 달성하였으나, 사회적 성장은 정체 상태이고, 그것이 지속가능한 성장의 발목을 잡고 있기 때문이다. 실제로 우리나라의 사회적 수준을 보여 주는 각종 사회적 지표는 OECD 국가 가운데 최하위권에 머물고 있다.

〈표 2-11〉 주요 사회의 질 지표

주요 사회 지표	우리나라의 순위	자료원
사회적 신뢰도	OECD 34개 국가 가운데 32위	OECD(2011), Society at a Glance
타인에 대한 신뢰도	OECD 30개 국가 가운데 25위	OECD(2011), Society at a Glance
관용성 지수	OECD 34개 국가 가운데 28위	OECD(2011), Society at a Glance
자살률	OECD 34개 국가 가운데 1위	OECD Health Data
공공사회복지지출	OECD 30개 국가 가운데 29위	한국보건사회연구원(2011)

---

3 기획재정부는 최근 일련의 연구보고서에서 한국이 소득 3~4만 불의 선진국이 되기 위해서는 경제발전 정책만으로는 한계가 있으며, 사회통합과 사회의 질을 향상시키는 노력이 반드시 경주되어야 함을 강조하고 있다. 기획재정부(2011)는 "2011년 국가경쟁력 보고서"에서 국가경쟁력 강화를 위하여 우리나라의 사회통합 수준이 개선되어야 함을 강조하였다. 2012년에는 "2020년 한국 사회의 질적 수준 제고를 위한 미래연구" 보고서를 발간하여 경제발전과 사회의 질이 밀접한 관련을 맺고 있다고 밝혔다. '사회의 질'을 구성하는 요소를 공정성, 포용성, 안전성, 창의성으로 보고, 우리 사회의 사회의 질적 수준이 매우 낮아 개선이 필요하다는 점을 강조하였다.

사회의 질과 더불어 국민의 삶의 질도 매우 낮은 수준이다. 2011년 OECD에서는 회원국 국민의 삶의 질 수준을 비교하는 작업을 추진하고 그 결과를 발표하였다. 〈How's Life? Measuring Well-being〉이라는 보고서를 발간하여 OECD 국가의 삶의 질 수준을 비교하였다. 이 보고서에 의하면 한국 국민의 삶의 질 수준은 하위권인 것으로 나타났다.

〈표 2-12〉 주요 삶의 질 지표

주요 삶의 질 지표		우리나라의 순위	자료원
영역	지표		
소득과 부	가처분소득	OECD 33개 국가 가운데 25위	OECD(2011), How's Life?
	빈곤율	OECD 34개 국가 가운데 28위	OECD(2011), Society at a Glance
직업	고용률	OECD 36개 국가 가운데 23위	OECD(2011), How's Life?
거주여건	주거만족도	OECD 37개 국가 가운데 33위	OECD(2011), How's Life?
건강	노인건강도	OECD 33개 국가 가운데 31위	OECD(2011), How's Life?
일-삶 병립	근로시간	OECD 30개 국가 가운데 2위	기획재정부(2012), 한국 고용의 현주소.
교육	중등교육이수율 (25~34세)	OECD 34개 국가 가운데 1위	OECD(2012), Education at a Glance.
환경	공기의 질	OECD 40개 국가 가운데 31위	OECD(2011), How's Life?
	수질	OECD 40개 국가 가운데 28위	OECD(2011), How's Life?
안전	범죄(살인)율	OECD 40개 국가 가운데 11위	OECD(2011), How's Life?
	안전감	OECD 40개 국가 가운데 13위	OECD(2011), How's Life?
삶의 만족	삶의 만족도	OECD 34개 국가 가운데 30위	World Gallup Poll

※조사대상 국가는 OECD 34개 국가와 더불어 일부 옵저버 국가 포함

그동안 우리나라는 양적으로 급성장하였다. 하지만 압축성장 속에서 고도의 경제발전은 이루었으나, 성숙한 사회를 건설하지는 못하였다. 우리가 꿈꾸는 미래 대한민국의 선진사회는 질적으로 성숙한 사회, 공동체

적 신뢰를 바탕으로 공동체 모두가 행복한 사회, 공동체 구성원의 삶과
사회와 문화의 질이 높은 사회이다.

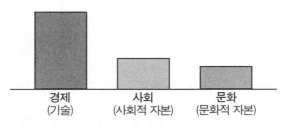

[그림 2-6] 한국 사회의 경제, 사회, 문화적 수준

대한민국의 교육이 그동안 경제발전에 기여한 바와 같이, 향후에는 사
회발전에도 기여하여야 하는 과제를 갖고 있다. 그러할 때 우리 교육은
대한민국이 경제, 사회, 문화선진국으로 성장하는 데 기여할 것이다.

3) 교육과 복지국가 건설

최근 우리 사회에서 복지에 대한 관심과 투자가 급증하고 있다. 국가
경제가 발전하면서 양극화와 불평등이 빠른 속도로 진행되고 있고, 모든
사회 구성원이 공존하고, 상생하고, 함께 더불어 발전하는 것이 국가적
과제로 부상하고 있는 점과 맥을 같이 하고 있다.

김창환(2011)의 연구 '국가교육의 장기비전'에 의하면, OECD 국가와 비
교할 때 우리나라는 향후 잠재성장률은 낮아지나, 소득 양극화와 불평등
은 높아지는 국가로 분류된다. 미래의 한국 사회 메가트랜드에 대하여 국
민들을 대상으로 의견조사를 실시한 결과, 학부모, 교원, 교육전문가들은

10년 후 가장 주목해야 할 사회 변화 요인에 대하여 '사회 양극화 및 불평등의 심화'(29.1%)라고 응답하였다. 저출산·고령화 문제보다도 심각한 것으로 받아들이고 있는 것이다.

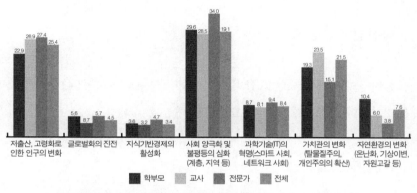

[그림 2-7] 가장 주목해야 할 우리 사회의 변화 요인(단위 %)

소득 불평등과 경제적 양극화가 심화되면 취약계층이 가장 어려운 상황에 내몰리게 된다. 경제적으로 취약한 계층은 교육에 대한 투자가 적어지면서 충분한 교육기회를 누리지 못하게 되어 결과적으로 가난의 대물림으로 이어질 수 있다. 즉 '부모의 낮은 사회경제적 지위→경제적 빈곤→자녀의 낮은 교육 성취→자녀의 낮은 노동시장 성취→자녀의 낮은 사회경제적 지원→경제적 빈곤'으로 이어지고, '부모의 높은 사회경제적 지위→경제적 풍요→자녀의 높은 교육 성취→자녀의 높은 노동시장 성취→자녀의 높은 사회경제적 지위→경제적 풍요'로 이어지게 되는 것이다. 결과적으로 경제 양극화와 교육 양극화는 강한 양(+)의 상관관계를 가지며, 이는 사회이동에 직접적으로 영향을 주게 되고, 대(代)를 이어 경제 양극화, 교육 양극화, 사회 양극화를 일으키는 결과를 초래한다(김승권, 2011).

이러한 문제를 해결하기 위하여 교육의 형평성을 높이고 교육복지에
적극 투자하는 것이 중요하다. 사회안전망을 탄탄히 구축하여 교육을 통
한 계층 세습이 아니라, 교육이 계층 상승의 희망사다리가 되는 구조로
변화시킬 필요가 있다.

3. 선진국의 공교육 모델

선진국의 공교육 모델을 살펴보면, 우리 공교육이 미래에 어떤 지향점
을 갖고 나아가야 할지 방향을 모색하는 데 도움이 된다.

1) 선진국 모델

선진국 모델은 크게 3가지로 구분하여 볼 수 있다. 자유주의 모델, 복
지국가 모델, 사회민주주의 모델이 그것이다. 자유주의 모델은 인간의 자
유, 경쟁과 효율을 강조하는 모델로서 미국, 영국, 호주 등의 국가가 이에
해당한다. 복지국가 모델은 인간의 삶의 질과 복지를 강조하는 모델로서
스웨덴, 핀란드 등 북유럽 국가들이 이에 해당한다. 사회민주주의 모델은
자유와 평등의 균형, 성장과 분배의 절충, 사회통합을 중시하는 모델로서
중서유럽 국가들이 이에 해당한다. 우리나라가 현재 자리하고 있는 위치
는 다음과 같이 그려 볼 수 있다.

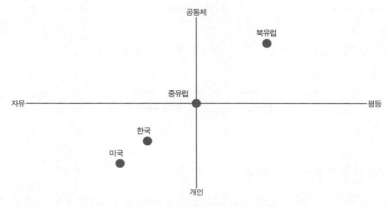

[그림 2-8] 선진국 국가 모델과 한국

2) 선진국 교육 모델

선진국들이 지향하고 있는 국가 모델은 교육에도 크게 영향을 미친다. 선진국 교육 모델을 유형화하면 크게 세 가지로 정리해 볼 수 있다.

(1) 자유주의 교육 모델

자유주의 교육 모델에서는 개인이 선택하고 참여하는 것이 강조되고, 국가는 가이드라인과 틀을 제시하는 역할을 담당한다. 개인의 '자유', '권리', '선택'이 주요 가치로 강조되고 있다. 이로부터 교육에 민간의 적극적인 참여가 강조되고, 다양한 형태의 교육이 이루어진다.

[그림 2-9] 자유주의 교육 모델

(2) 공동체주의 교육 모델

공동체주의 교육 모델은 국가의 적극적 역할을 강조한다. 국가가 교육에 적극 개입하여 투자하고 관리하는 역할을 하게 된다. 개별성과 독립성보다는 공공성을 강조하는 모델이라고 할 수 있다. 교육의 가치에서도 공동체성, 공동의 선, 시민적 연대의 가치가 중시되고 있다고 할 수 있다.

[그림 2-10] 공동체주의 교육 모델

(3) 자유기반 공동체주의 교육 모델(균형 모델)

자유기반 공동체주의 교육 모델은 공공성의 틀 안에서 자유로운 선택과 기회를 중시하는 입장이다. 즉 공공성과 다양성의 균형을 중시한다고 할 수 있다. 더불어 개인과 사회, 자유과 평등, 경쟁력 제고와 복지 확충 등 사회 통합적 가치를 중시한다고 할 수 있다. 교육에서 '자유', '평등', '기회', '약자 배려'의 가치가 강조되고 있다고 볼 수 있다.

[그림 2-11] 자유기반 공동체주의 교육 모델

4. 미래 한국 공교육 체제: 자유기반 공동체주의 모델

한국 교육의 과거와 현재, 한국 교육의 성취를 살펴볼 때, 한국 공교육이 가야 할 방향은 몇 가지로 정리할 수 있다.

첫째, 경제발전보다는 사회발전을 위한 교육이 되어야 한다는 점이다. 신뢰로운 사회, 정의로운 사회, 관용 사회 등 사회의 질이 높은 국가를 만드는 데 공교육이 기여하여야 하는 과제를 갖고 있다.

둘째, 공동체성이 강조되어야 한다는 것이다. 그동안 우리는 교육을 주로 개인적 차원으로 접근하였다. 개인의 성장, 지식, 학력 향상에 우선적 가치를 부여하였다. 개인의 성취를 최우선적 가치로 설정하여 경쟁주의 교육을 실시하여 왔다. 정의로운 교육, 복지 교육은 함께 더불어 성장하는 교육이다. 'me'에서 'we'로 전환하는 교육이다. 따라서 이제 '공동체성'을 핵심 가치로 수용하고, 교육시스템(제도, 교육과정, 성과 등)을 재구조화하는 노력이 필요하다.

셋째, 그동안 우리 교육은 지식 중심의 교육을 강조하여 왔다. 그러나 최근 전세계적으로 지식에서 역량으로 교육의 패러다임이 변하고 있다. 이러한 추세에 부응하여 지식 중심에서 역량 중심으로 공교육의 핵심 가치가 변할 필요가 있다. 학업 성취 중심에서 전인적 역량과 전인적 성취가 이루어지는 참교육을 실현하는 것이 미래를 준비하는 시대적 과제이다.

넷째, 보다 다양한 교육을 실시하는 것이다. 현재 우리 교육체제는 수요자의 다양한 교육 수요를 만족시키지 못하고 있다. 수요자의 요구를 만족시키기 위해서는 크게 두 가지 측면의 다양성이 중요하다. 하나는 다양한 교육제도를 제공하여 선택하도록 하는 것이다. 다른 하나는 학교 안에 다양한 교육프로그램을 제공하는 것이다. 외적인 교육체제의 다양성보다 더 중요한 것은 학교 내에서 학생들의 다양한 수요를 만족시키도록 내적인 다양성 교육을 실시하는 것이다. 그러할 때 헌법과 교육기본법에서 명시하고 있는 "기회를 균등히 하고, 능력을 최고도로 발휘하는" 가치가 실현될 수 있다. 그러기 위해서는 사립학교를 공교육의 중요 파트너로 인식하는 것이 필요하다. 그러할 때 국민들의 다양한 교육수요를 충족시킬 수 있게 된다. 이를 위해서는 역시 교육기본법에 명시되어 있는 바와 같이 사립학교의 자율성과 자주성을 보장하는 것이 중요한 과제가 될 수 있다.

이러한 방향을 전제할 때, 선진국 교육 모델 가운데 미래 한국의 공교육 모델로서 가장 적합한 모델은 어떤 것일까? 대한민국의 미래 교육은 개인 중심 교육에서 보다 공동체 중심 교육으로 변화할 필요가 있다. 또한 다양성의 가치, 사회통합의 가치, 복지적 가치가 중시될 필요가 있다. 이러한 측면에서 볼 때, 자유기반 공동체주의 모델이 이러한 방향성과 가장 근접한 형태라고 할 수 있다.

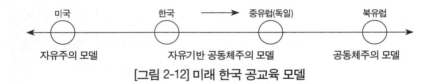

[그림 2-12] 미래 한국 공교육 모델

IV. 기독교학교의 대응

1. 한국 사립학교의 위상 전망

현재 자유주의 모델에 가까운 대한민국 교육이 자유기반 공동체주의 모델에 가까워진다고 가정할 때 어떠한 변화를 맞이하게 될 것인가? 우리는 몇 가지 변화 가능성을 전망할 수 있다.

첫째, 국가의 역할이 더욱 강화될 것이다. 공동체주의 모델에서는 국가가 교육에 많은 권한을 행사한다. 교육투자, 교육에 대한 지도 및 감독이 자유주의 모델 국가들보다 훨씬 강하다고 할 수 있다. 이와 더불어 공교육의 공공성이 더욱 강화되는 방향으로 교육이 움직일 가능성이 높다.

둘째, 국가의 역할이 강화되면서 반대로 민간의 역할은 약화되거나 크게 위축될 수 있다. 우리나라 공교육은 출발 당시 민간에 크게 의존하였다. 근대 학교가 출범할 때인 구한말에서부터 일본 식민지 시대에는 사립학교가 우리 공교육의 주류를 형성하고 있었다. 이러한 트렌드는 해방 이후에도 유지되다가, 1974년 고교 평준화 정책이 도입되면서 전환점을 맞게 된다. 평준화 정책과 더불어 교육에 대한 국가의 투자가 확대되면서 사립학교가 줄어들었을 뿐 아니라, 사립학교의 기능도 위축되는 결과를 맞게 되었다. 1970년 43.4%였던 사립 중학교 비율은 2013년 20.3%로 줄었다. 1980년 51.0%였던 사립 고등학교 비율은 2013년 40.8%로 줄었다.

〈표 2-13〉 설립별 중학교 학교 수 변화

년도	1965	1970	1975	1980	1985	1990	1995	2000	2005	2010	2013
국립	3	4	4	4	8	9	9	9	9	9	9
공립	692	906	1,244	1,368	1,633	1,759	1,977	2,046	2,267	2,474	2,520
사립	513	698	719	749	730	706	697	676	659	647	644
계	1,208	1,608	1,967	2,121	2,371	2,474	2,683	2,731	2,935	3,130	3,173
사립 학교 비율 (%)	42.5	43.4	36.6	35.3	30.8	28.5	26.0	24.8	22.5	20.7	20.3

[출처] 한국교육개발원 교육통계 DB.

[그림 2-13] 설립별 중학교 학교 수 변화 추이

〈표 2-14〉 설립별 고등학교 학교 수 변화

년도	1965	1970	1975	1980	1985	1990	1995	2000	2005	2010	2013
국립	3	4	7	11	14	14	17	17	17	19	19
공립	382	467	578	652	776	819	903	1,007	1,139	1,288	1,355
사립	316	418	567	690	812	850	910	933	939	946	948
계	701	889	1,152	1,353	1,602	1,683	1,830	1,957	2,095	2,253	2,322
사립 학교 비율 (%)	45.1	47.0	49.2	51.0	50.7	50.5	49.7	47.7	44.8	42.0	40.8

[출처] 한국교육개발원. 교육통계 DB.

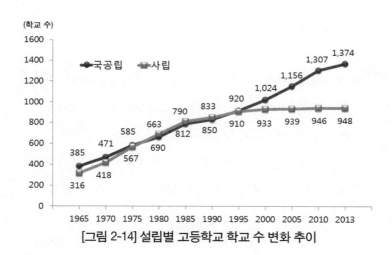

[그림 2-14] 설립별 고등학교 학교 수 변화 추이

셋째, 교육복지가 강화될 것으로 전망된다. 공교육에서 국가의 역할이 강화되면서 교육에 대한 투자가 더욱 확대되고, 특히 취약계층에 대한 교육적 지원이 더욱 강화될 것으로 전망된다. 이는 대부분의 공동체주의 모델 국가의 교육에서 확인되는 공통점이다.

종합적으로 볼 때, 자유 기반 공동체주의 모델에서 공교육의 중심은 국가와 공립학교라고 말할 수 있다. 민간과 사립학교의 역할은 위축되고 축소될 것으로 전망된다.

2. 공교육의 변화가 기독교학교에 미치는 영향

국가의 역할이 강조되는 방향으로 변화되는 공교육이 기독교학교에는 어떤 영향을 미칠 것인지 살펴보도록 하겠다. 이를 전망하기 위해 먼저 사립학교와 관련된 법들이 어떻게 규정되어 있는지 살펴보고자 한다.

"교육기본법"

제5조(교육의 자주성 등) ① 국가와 지방자치단체는 교육의 자주성과 전문성을 보장하여야 하며, 지역 실정에 맞는 교육을 실시하기 위한 시책을 수립·실시하여야 한다.
② 학교운영의 자율성은 존중되며, 교직원·학생·학부모 및 지역주민 등은 법령으로 정하는 바에 따라 학교운영에 참여할 수 있다.

제6조(교육의 중립성) ① 교육은 교육 본래의 목적에 따라 그 기능을 다하도록 운영되어야 하며, 정치적·파당적 또는 개인적 편견을 전파하기 위한 방편으로 이용되어서는 아니 된다.
② 국가와 지방자치단체가 설립한 학교에서는 특정한 종교를 위한 종교교육을 하여서는 아니 된다.

제25조(사립학교의 육성) 국가와 지방자치단체는 사립학교를 지

원·육성하여야 하며, 사립학교의 다양하고 특성 있는 설립목적이
존중되도록 하여야 한다.

"사립학교법"

제1조(목적) 이 법은 사립학교의 특수성에 비추어 그 자주성을 확
보하고 공공성을 앙양함으로써 사립학교의 건전한 발달을 도모
함을 목적으로 한다.

　"교육기본법" 및 "사립학교법"에 나타는 공교육의 정신은 한마디로 '공
공성을 지향하되 자주성을 보장한다'라는 것이다. 그러나 '공공성'과 '자
주성'은 양립하기 쉽지 않은 개념이다. 공공성을 강조하면 자주성이 약해
지고, 자주성을 강조하면 공공성이 약해지는 특성을 갖고 있기 때문이다.
공공성을 강조할 경우 법에 명시되어 있는 '사립학교의 다양하고 특성있
는 설립목적이 존중'되지 않을 수 있다. 향후 공교육에서 국가의 개입이
더욱 강화될 경우, 위의 법 규정은 공공성을 더욱 강조하는 방향으로 해
석될 개연성이 높다고 할 수 있다. 즉 보다 높은 자주성을 보장하던 해석
이 보다 높은 공공성을 강조하는 방향으로 해석될 수 있다는 것이다. 사
립학교에 대한 이러한 모호한 법 규정 때문에 향후 사립학교의 자주성과
특수성(설립목적에 따른)이 침해받을 가능성이 매우 높다고 할 수 있다.
　지금까지 살펴본 것에 따르면, 공교육에서 국가의 역할이 강화되면서
기독교학교는 크게 두 측면에서 영향을 받을 것으로 전망된다.
　첫째, 사립학교의 역할이 축소되면서 기독교학교의 입지 역시 위축될
것으로 전망된다. 국가에서 공공성을 강조하면서 사립학교의 특수성과

자주성을 저해할 가능성이 높아지기 때문이다. 공공성과 자주성의 조화를 어떻게 추구하여 나갈 것인지가 과제로 제기될 수 있다.

둘째, 공교육의 틀 안에 있는 기독교학교의 경우, 기독교학교의 정체성이 흔들릴 가능성도 높다. 기독교학교는 명료한 설립 목적을 갖고 있다. 설립 목적과 설립 이념이 명료한 점이 공립학교와 근본적으로 다른 점이다. 국가의 개입이 강화되는 상황에서 설립목적에 따른 교육을 어떻게 실시하여야 하는지에 대한 고민이 필요하다.

3. 기독교학교의 대응

그렇다면, 이러한 예상되는 변화에 기독교학교는 어떻게 대응하여야 할 것인가? 여기서는 대응 방향과 방안으로 구분하여 살펴보도록 하겠다.

1) 대응 방향

기독교 사학은 현재에도 자율성을 확보하지 못한 상태에서 교육에 어려움을 겪고 있다. 앞에서 살펴본 공교육의 변화는 앞으로 기독교 사학이 더 큰 어려움에 봉착하게 될 것임을 예고하고 있다. 건학이념에 따른 자율적 교육을 실시하기가 더 어려운 구조로 변하고 있는 것이다. 기독교 사학이 공교육 틀에서 벗어나는 방향으로 길을 찾을 것인지, 아니면 이러한 역경에도 기독교적 사명에 충실하도록 노력할 것인지 선택을 강요받는 상황이 올 것으로 전망된다.

돌이켜 보면 100여 년 전 기독교 사학을 건립하였던 많은 선교사들과 기독교 지도자들은 지금보다 훨씬 어려운 상황에서 학교를 세우고 운영하여 왔다. 기독교 이념을 바탕으로 인재를 양성하여 국가 사회 발전에 크게 기여하였다. 선각자들의 그러한 노력은 현재 기독교 사학에게 한편으로 격려가 되면서, 다른 한편으로 새로운 각오를 하게 한다. 공교육 틀 내에서 기독교 사학의 존재 가치를 증명하기 위해 더욱 노력하는 것이 중요하다는 점을 일깨워 준다. 이를 위해 두 가지 방향성을 생각해 볼 수 있다.

첫째, 기독교학교의 정체성을 명료히 하고 그것을 수호해 나가는 것이 필요하다는 점이다. 기독교학교는 복음 정신을 바탕으로 기독교적 교육을 실시하는 기관이라고 할 수 있다. 하나님의 말씀을 가르치고, 나눔, 배려, 봉사 등 기독교적 인성을 갖추도록 지도하며, 생명존중, 양성평등, 자연사랑 등 기독교적 가치관을 형성하도록 교육하는 곳이다. 기독교학교는 그 정체성을 잃게 되면 존재 가치가 없어지게 된다. 이러한 정체성은 일차적으로, 내부적으로 지켜 나가는 것이 중요하지만, 이차적으로 외부에서 그것을 침해하려고 할 때 단호히 맞서는 것도 중요하다. 〈교육기본법〉과 〈사립학교법〉에 명시되어 있는 설립목적에 따른 자주적인 교육을 실시할 권리가 있다는 점을 주장할 필요가 있다.

둘째, 기독교학교의 사회적 책임을 강화하는 것이 중요하다는 것이다. 현재 우리나라의 기독교학교는 공교육 틀 안에 있다. 이러한 점은 미래에도 변하지 않을 것이다. 그렇다면 공교육의 기능을 수행하는 기독교학교의 역할은 무엇인가? 한편으로는 설립이념에 충실한 교육을 실시하면서, 다른 한편으로 국가사회적 요청에 부응하는 것이 필요하다고 할 수 있다. 사회적 책임을 더욱 적극적으로 수용하여 기독교 교육의 개념을 확대하는 노력이 중요하다고 할 수 있다. 기독교 사학으로서 미션 스쿨은 종교적 미션의 의미를 넘어 사회적 책임으로서의 '미션'의 의미를 더욱 새기는 것이다. "기독교가 갖고 있는 기독성을, 교육의 공공성을 풍요롭게 하는 형태로 표현하는 교육 행위를" 하는 것이다(정병오, 2014, 8).

미래 기독교학교가 존재가치를 증명해 보이기 위해서는 보다 사회적 책임에 충실할 필요가 있다. 공립학교보다 더 우수한 교사를 확보하고, 더 좋은 공교육을 실시하며, 현재의 입시제도 하에서 수행하기 어려운 인성 교육과 창의성 교육을 더 열심히 시키고, 학교에 적응하지 못하는 학생들을 돌보는 일들을 적극적인 '미션'으로 수용할 필요가 있다. 그러할 때 기독교학교는 공교육 틀 안에서도 좋은 학교로 자리매김할 수 있을 것이다.

공공성 (공립)	자주성 (사립)	자주성/자율성 (대안학교)
공공성		

[그림 2-15] 공공성과 자주성의 조화

2) 대응 방안

마지막으로 기독교회와 기독교학교가 대응하여야 하는 방안을 교회, 기독교 사학, 기독교 대안학교 등 세 가지로 구분하여 살펴보도록 하겠다.

첫째, 한국기독교회와 국가는 한편으로는 협조적인 관계를 유지하고, 다른 한편으로는 상호 존중하는 입장을 견지할 필요가 있다. 국가 공교육의 발전에 협력하면서, 상대방의 입장을 존중하는 관계를 맺는 것이 중요하다. 기독교사립학교가 그동안 한국 사회에 기여한 점을 설명하고, 향후에도 상호 건설적이고 협력적인 관계가 중요하다는 점을 이해시켜야 한다. 그러나 기독교 사립학교에 대한 국가의 부당하고 과도한 개입에는 단호히 대처할 필요가 있다. 〈교육기본법〉과 〈사립학교법〉에 명시되어 있는 교육의 자주성과 자율성을 강조할 필요가 있다. 사립학교의 자주성을 보장받을 수 있는 논리를 개발하여 국민들에게 적극 설명할 필요도 있다. 이러한 노력은 개신교, 천주교 등 교계가 연합하여 공동대처하는 것이 효과적이라고 할 수 있다.

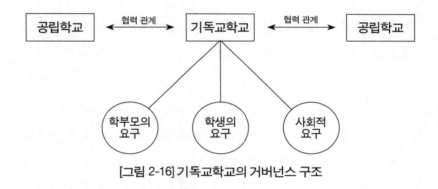

[그림 2-16] 기독교학교의 거버넌스 구조

한국기독교회는 이를 위해 공적 책임을 더욱 강화할 필요가 있다(장신근, 2009: 1). 공교육의 목표 설정 및 가치 구현에 교회가 관심을 갖고 적극 관여할 필요가 있다. "공교육이 지향하는 목표, 이념, 가치 등에 대하여 기독교적 관점을 제시함으로써 공교육의 공공성 확립에 기여하여야 한다."(장신근, 2009: 4) 서구에서 오랫동안 교회가 공적 영역에 관심을 갖고 적극적인 의사를 표현한 것과 같이 교육에서도 그러한 노력이 필요한 것이다. "한국 교육 전체를 바꾸는 데 한국 교회가 기여하도록 이끌어 가야 한다."(박상진, 2014: 298)

둘째, 공교육 틀 안에 있는 기독교학교의 경우, 한편으로는 학교설립

목적에 충실하면서, 다른 한편으로 사회적 책임에 더욱 충실할 필요가 있다. 공공성 안에서 제한된 자율성이지만, 이를 활용하여 국가사회와 교회가 필요로 하는 인재를 양성하여 배출할 필요가 있다. 훌륭한 기독교인을 양성하는 것을 넘어 기독교적 인성을 바탕으로 사회에서 기독교인의 사명을 충실히 감당하는 인재를 양성할 필요가 있다.

기독교학교는 이에서 더 나아가 대한민국 공교육 모델을 창조해 나가는 노력이 필요하다. 미래 한국 사회에서 필요한 인재를 양성하는 데 적극적으로 나서는 것이다. 지식에서 역량으로 변화하는 교육패러다임을 선도하고(전인적 역량 교육), 국가사회적인 과제인 사회통합에 앞장서며(공동체성 교육), 미래 사회가 요구하는 인재를 양성하고(창의성 교육, 글로벌 역량 개발), 사회적 약자와 더불어 성장하도록 지도하는 교육(사회통합교육)을 주도적으로 시행하는 것이다. 미래성, 수월성(양질의 교육), 형평성(교육복지), 사회성(인성교육), 다양성(학생의 요구)의 교육가치 아래 공교육을 선도할 때 기독교학교는 공교육의 수요에 적극 대응하는 학교로서 국가사회로부터 존경의 대상이 될 것이다. 그러할 때 공공성과 자주성의 교육이념이 조화되고 통합될 수 있을 것이다.

셋째, 기독교 대안학교의 경우, 높은 자율성을 바탕으로 기독교적 가치를 구현하는 데 더욱 충실할 필요가 있다. 공교육이 강화되면 될수록, 이에 만족하지 못하는 교육수요가 발생하게 되고, 이에 따라 대안교육에 대한 욕구도 강화될 가능성이 높다. 기독교 대안학교는 공교육 틀 안에 있는 기독교학교가 받는 제약에서 자유롭기 때문에 설립이념에 충실한 더 좋은 교육을 실시할 여지가 높아진다고 할 수 있다.

V. 나가는 말

지난 100여 년 동안 한국의 기독교 사학은 교육을 통하여 인재를 양성하여 국가 사회 발전에 큰 기여를 하였다. 국가교육이 강화된 현 시점에서도 기독교 사학은 국가사회 발전에 크게 기여할 수 있다. 기독교적 가치가 구현되는 미래 한국 교육의 모습을 지금부터 만들어 가는 데 기독교 사학이 앞장서야 한다고 할 수 있다.

이를 위해서는 기독 교회, 기독교 사학의 사회적 책임을 더욱 강조할 필요가 있다. 그동안 한국 기독교는 개인적 차원의 구원 문제에 우선을 두어 왔다. 이제부터는 개인의 변화와 더불어 사회의 변화에도 더욱 많은 관심을 기울일 필요가 있다. 사회 취약계층을 돌보고 지원하는 노력에서 더 나아가, 정의로운 사회, 평화로운 사회, 더불어 공생하는 행복한 사회를 만들기 위해 교회의 노력이 중요하다.

이와 관련하여 루터의 공교육 사상에 다시 한 번 주목할 필요가 있다. 마르틴 루터는 세상나라의 평화와 질서 유지, 즉 세상나라를 위해 교회가 적극적인 역할을 하여야 하고, 교육 역시 그러한 기능을 수행하여야 한다고 보고 공교육을 강조하였다. 즉 세상에서 하나님 나라를 건설하기 위해 교회뿐 아니라 교육이 역할을 하여야 한다는 것이다. 루터는 기독교인과 교회가 개인적 가치만 추구하는 것이 아니라, 이 세상에서 책임 있는 기독교인으로서 소명감을 갖고 살아가는 것이 중요하다고 보았다. 기독교적 세계관으로 무장하고 이 세상에서 기독교적 가치를 구현하며 살아가는 것이 기독교인의 책무라고 보았다. 교회의 사회적 책임 그리고 기독교 학교의 사회적 책임을 강조한 것이다. 기독교인이 참여하는 공교육에서도 기독교적 가치가 구현되는 것이 중요하다. 공교육과 관련된 모든 한국 기독교인들이 이러한 책무감을 갖고 살아가는 것이 필요하다고 할 수 있다. 특히, 한국 공교육의 제반 문제점에 대하여 기독교인이 책무감을 갖고 개선하기 위해 노력하는 것이 중요하다.

참고 문헌

김기헌 외(2011). 「2010 한국청소년 핵심 역량진단조사 기초분석보고
　　　서」. 한국청소년정책연구원.

김승권(2011). 「양극화와 복지」. 미래 교육 쟁점 발굴 토론회. 국가교육과
　　　학기술자문회의.

김용화 외(2011). 「OECD 국가의 복지지표 비교 연구」. 한국보건사회연
　　　구원.

김창환(2007). 『인본주의 교육사상』. 학지사.

김창환 외(2011). 「국가교육의 장기비전: 향후 10년의 교육비전과 전략」.
　　　국가교육과학기술자문회의.

김창환 외(2012). 「한국의 핵심 교육지표·지수 개발 연구(I): 교육정의지수
　　　개발 연구」. 한국교육개발원.

김창환 외(2013). 「한국의 교육지표·지수 개발 연구(II): 학생역량지수 개
　　　발 연구」. 한국교육개발원.

나병현(2002). "공교육의 의미와 교육의 공공성 문제". 「한국교육」, 제29
　　　권 제2호, 549-571.

박상진 외(2014). "한국 공교육과 기독교, 쟁점을 말한다". 정병오 외
　　　(2014). 공교육과 기독교. 「좋은 교사」, 286-311.

양금희(1999). 『종교개혁과 교육사상』. 한국장로교출판사.

양금희(2012). "종교개혁기의 학교, 교회 그리고 국가의 관계에 관한 연
　　　구". 「장신논단」, Vol.44 No.4(2012.12), 345-372.

이종태(2006). "'교육의 공공성' 개념의 재검토 - 공공성 논쟁의 분석과 개
       념의 명료화를 위한 논의". 한국교육, 제33권 제3호, 3~29.

장신근(2009). "교육이 공공성 회복을 위한 교회의 역할: 공교육을 중심으
       로". 기윤실. 교회의 사회적 책임 2.0 포럼. 「교육, 교회와 함께 달
       리다」, 1-7p.

정병오 외(2014). "공교육과 기독교". 「좋은 교사」.

한국교육개발원. 교육통계데이터베이스.

Dietrich. Th/ Klink, J-G.(1972). *Zur Geschichte der Volksschule I :
       Volksschulordnungen 16. bis 18. Jahrhundert*, Bad Heilbrunn.

Froese, L/ Krawietz, W.(1968). *Deutsche Schulgesetzgebung*, Bd. 1,
       Weinheim.

KDI(2010). 「미래비전 2040: 미래 사회경제구조 변화와 국가 발전 전
       략」.

Lee, Sang-Jin(2008). *Understanding Korean Educational Policy Vol.1.
       National Development Strategy and Education Policy*. Korean
       Educational Development Institute.

OECD(2011). *How's Life? Measuring Well-being*.

OECD(2011). *Society at a Glance*.

OECD(2011). 「한국의 성장과 사회통합을 위한 틀(한국어 번역본)」. 한국개
       발연구원.

OECD(각년도). *Education at a Glance*.

Titze, Hartmut(1973). *Die Politisierung der Erziehung*, Frankfurt am
       Main.

Wehler, H. U(1987). *Deutsche Gesellschaftsgeschichte*, Bd. 1. München.

3장

미국 기독교학교의 전개 과정, 최근 쟁점 그리고 시사점[1]

김재웅 교수
서강대학교, 교육학

I. 들어가는 말

미국은 영국 등 유럽의 많은 국가에서 이민 온 사람들이 세운 나라이다. 영국으로부터 독립하기 전, 즉 식민지 시기 이민자들은 자기가 살던 모국의 언어와 종교를 중심으로 지역사회를 이루며 살고 있었고, 동네마다 자신들의 힘으로 교회와 학교를 세워 공동체를 존속시키고 있었다. 다

---

1 본 글은 2014년 11월 29일 기독교학교교육연구소에서 "기독교학교의 미래 전망"을 주제로 개최한 학술대회에서 발표한 뒤 이를 수정·보완하여 「신앙과 학문」 20(1)(2015.03)에 게재한 것을, 최종적으로 다듬어 이 책에 수록하게 되었음을 밝힌다.

시 말하면 아직 표준화되고 통일된 교육제도가 없는 상태에서 기독교 가치를 전수하기 위한 수단으로 동네마다 일종의 사립학교를 운영한 셈이었다.

미국이 영국으로부터 독립하면서 다양한 국가에서 이민 온 각양각색의 사람들을 미국인으로 만들 필요성, 즉 '미국화'의 필요성이 생겼고, 이러한 필요성을 공감하는 개혁가들은 통일된 공교육제도, 당시 이름으로 공동학교(common school)를 건설하고자 하였다. 지역주의자, 가톨릭, 소외집단 등 다양한 집단의 반발에도 결국 미국은 주별로 의무 취학 제도를 통한 통일된 공교육제도를 수립하는 데 성공하게 된다. 건국 초기부터 기독교 정신으로 국가를 운영해 왔기 때문에, 공립학교에서도 성경 읽기와 기도가 자연스럽게 허락되었다. 이러한 관행으로 인하여 대다수 기독교인들은 자신들이 세워 운영하던 동네 (사립) 학교들을 공립으로 전환하는 데 동의하였다. 공립학교지만 얼마든지 기독교적 가치관을 자녀들에게 심어 줄 수 있다고 믿었던 것이다. 물론 가톨릭, 루터교, 칼빈파, 유대교 등 일부 종교 집단은 호러스 맨(Horace Mann) 등이 주도한 공동학교 개혁에 동참하지 않고 별도의 종교계 사립학교를 운영하기도 하였다.

그러나 1960년대 초반 민주당의 케네디 대통령 시절 공립학교에서의 성경 읽기와 기도가 위헌이라는 판결이 나면서 많은 교회와 기독교인들은 세속화된 공립학교에 더 이상 자녀를 보낼 수 없다는 결정을 내리고 별도의 학교를 설립하거나 홈스쿨링을 택하게 된다. 이 시기부터 미국의 기독교학교는 우후죽순처럼 생겨나면서 그 숫자가 급격하게 증가하기 시작하였다. 그러나 지난 10여 년 간 미국의 기독교학교 재학생은 줄어들고 있으며, 일부 학교는 문을 닫고 있다. 이에 따라 기독교학교의 정체성 문제도 새롭게 제기되고 있다.

여기에서는 이러한 미국의 기독교학교가 공교육제도와 어떤 관련을 맺고 형성, 발전되어 왔는지 또한 교단과 교회와는 어떤 관련 속에서 운영되어 왔는지 역사적으로 살펴보고자 한다. 먼저 미국의 사립학교와 기독교학교의 변화 추이를 양적 자료를 통하여 소개하고, 미국의 공교육제도의 발전 과정 속에서 기독교와 기독교학교가 어떤 위상을 차지하고 있는지 분석하고자 한다. 그리고 최근 미국의 기독교학교가 당면하고 있는 문제를 몇 가지 쟁점을 중심으로 논의하고, 이러한 변화가 우리나라의 기독교학교의 미래에 주는 시사점을 제시하고자 한다.

II. 숫자로 본 미국의 사립학교와 기독교학교 현황

1. 미국 사립학교의 종교 특성별 현황

미국의 경우, 1995-96학년도에 유아원(pre K)부터 고등학교까지 사립학교에 재학 중인 학생은 590만 명에서 2001-02학년도에 630만 명으로 증가하였다가 2011-12학년도에 530만 명으로 감소하였다. 전체 학생에서 사립학교 재학생이 차지하는 비율은 1995-96학년에 12%에서 2011-12학년도에 10%로 감소하였다. 이러한 감소는 특히 초등학교와 중학교 수준에서 심하게 나타났다. 유아원부터 8학년까지 사립학교 학생 수는 1995-96학년도에 480만 명에서 2011-12학년도에 400만 명으로 대폭 감소한 반면에, 같은 기간 9학년부터 12학년까지 사립학교 학생 수는 120만 명에서 130만 명으로 소폭 증가하였다(그림 3-1) 참조).

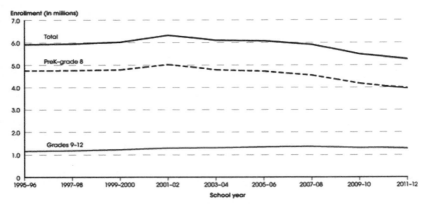

[그림 3-1] 미국 사립학교 학년별 학생 수 변화 추이:
1995-96학년도부터 2011-12학년도까지

[자료] U. S. Department of Education, National Center for Education Statistics, *Private School Universe Survey (PSS)*, 1995-96 through 2011-12. See *Digest of Education Statistics 2013*, table 205.20.

이러한 통계를 사학의 유형에 따라 살펴보면 다음과 같다. 먼저 가톨릭 학교 재학생은 전체 사립학교 학생 가운데 여전히 가장 높은 비율을 차지하고 있기는 하지만, 1995-96학년도에 270만 명에서 2011-12학년도에 210만 명으로 감소한 것을 알 수 있다. 이는 주로 같은 기간 동안 가톨릭 교구학교의 재학생이 150만 명에서 80만 4천 명으로 감소한 것에 기인한다. 이러한 현상은 기독교 사학에서도 비슷하게 발견되는데, 1995-96학년도에서 2011-12학년도 사이에 보수적(conservative) 기독교학교 재학생은 78만 7천 명에서 73만 1천 명으로 줄어들었다. 그 외 교단 소속(affiliated) 종교계학교 학생도 같은 기간에 69만 7천 명에서 56만 5천 명으로 감소하였다. 이 교단 소속 종교계 학교에는 보수적 기독교 이외에 11개 기독교 단체에 속한 기독교학교와 이슬람, 유대교 등 다른 종교와 연계되어 있는 학교가 포함되어 있다. 그러나 교단 소속이 아닌 독립(unaffiliated) 종교계 사

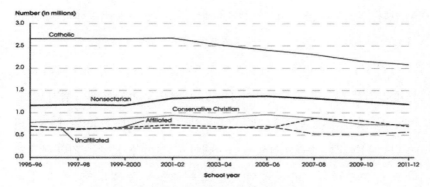

[그림 3-2] 미국 사립학교 유형별 학생 수 변화 추이 :
1995-96학년도부터 2011-12학년도까지

[주] 보수적(conservative) 기독교학교는 다음 네 개 조직 가운데 하나에 소속되어 있는 학교를 가리킨다. Accelerated Christian Education, American Association of Christian Schools, Association of Christian Schools International, or Oral Roberts University Education Fellowship. 보수적 기독교학교는 근본주의 기독교학교로 불리기도 한다. 그 외 교단 소속(affiliated) 종교계 학교는 가톨릭 이외에 특정 종교를 표방하고 있는 학교를 가리킨다. 이들 학교는 위의 4개 단체 이외의 11개 종교 단체들, 즉 Association of Christian Teachers and Schools, Christian Schools International, Evangelical Lutheran Education Association, Friends Council on Education, General Conference of the Seventh-Day Adventist Church, Islamic School League of America, National Association of Episcopal Schools, National Christian School Association, National Society for Hebrew Day Schools, Solomon Schechter Day Schools, and Southern Baptist Association of Christian Schools 가운데 하나의 회원교이거나 다른 종교 학교 단체의 회원교이다. 교단 소속이 아닌 독립(unaffiliated) 종교계 사립학교는 보다 일반적인 종교적 목적을 지니고 있는 학교로서 보수적 기독교나 특정 종교를 표방하는 종교단체와 전혀 연계되어 있지 않다. 비종교계 학교란 어떤 종류의 종교와도 연계되어 있지 않는 사립학교로서 몬테소리, 발도르프, 대안교육, 특수교육 등 특별한 프로그램을 강조하는 경향이 있다.
[자료] U.S. Department of Education, National Center for Education Statistics, *Private School Universe Survey (PSS)*, various years, 1995 - 96 through 2011 - 12. See *Digest of Education Statistics 2013*, table 205.20.

립학교 재학생은 같은 기간에 61만 1천 명에서 69만 6천 명으로 증가하였

다. 이 유형의 학교에도 여러 종교가 모두 포함되어 있기 때문에 이들 학

교가 순수하게 기독교적인 가치를 중시하는 학교라고 볼 수 없다. 보수적

기독교 단체 외 교단 소속(affiliated) 종교계 학교와 교단 소속이 아닌 독립

(unaffiliated) 종교계 학교를 합하여 기타 종교계(other religious) 학교로 부르기

도 한다. 끝으로 비종교계 사립학교 재학생도 116만 3천 명에서 118만 8천 명으로 약간 증가하였다([그림 3-2] 참조).

[그림 3-2]는 가톨릭학교처럼 기독교학교를 별도로 분류하고 있지 않은 관계로 전체 사립학교에서 차지하고 있는 비율을 파악하기가 쉽지 않다. 기독교학교 통계는 보수적 기독교학교와 기타 종교계 학교 안에 포함되어 있는 기독교학교를 포함해서 산출해야 할 것이다. 문제는 기타 종교계 학교, 즉 보수적 기독교 단체 외 교단 소속(affiliated) 종교계 학교와 교단 소속이 아닌 독립(unaffiliated) 종교계 학교 안에 기독교가 얼마나 되는지 파악하지가 쉽지 않다는 데 있다.

아래 〈표 3-1〉은 미국 교육부가 조사한 사립학교 현황표를 중심으로 구체적인 종교 지향에 따른 학교, 학생, 교사를 비교한 것이다. 이 표에 나타난 종교별 학생 수는 조사 방법의 차이로 인하여 위의 그림과 다소 다르다. 그럼에도 미국의 사립학교 현황을 종교의 특성에 따라 살펴보는 데에는 별 문제가 없다고 생각된다. 기독교학교는 학생 수 기준으로는 전체 사립학교에서 차지하는 비율이 30.1%이지만, 학교 수 기준으로는 37.6%를 차지하고 있다. 이는 가톨릭학교가 비교적 규모가 크다는 점과 관련이 있다. 즉 기독교학교는 학교 당 평균 116명이지만, 가톨릭학교는 학교 당 평균 280명이다.

4개 단체, 즉 Accelerated Christian Education, American Association of Christian Schools, Association of Christian Schools International, or Oral Roberts University Education Fellowship 가운데 하나의 조직에 회원으로 되어 있는 보수적 기독교학교가 4,793개로서 전체 기독교학교 가운데 41.3%를 차지하고 있다. 이것을 학생 수 기준으로 보면, 이 4개 단체에 속해 있는 보수적 기독교학교 학생 수는 65만 5천 명으로서 전체 기독

교학교 재학생의 48.5%를 차지하고 있다. 4개 단체 가운데 가장 큰 것은 Association of Christian Schools International로서 약 80%인 52만 4천 명의 학생이 이 단체의 회원교에 재학하고 있다. 한편 2011-12학년도에 루터교 학교는 1,532개 교로서 전체 사립학교의 5.0%를 차지하고 있고, 재학생은 16만 3천 명으로서 전체 사립학교 학생의 3.6%에 해당한다. 그리고 Christian Schools International에 소속되어 있는 개혁주의 기독교학교는 321개(1.0%)이고 이들 학교에 대학 중인 학생들은 7만 명(1.6%)이다(U.S. Department of Education, 2014).

〈표 3-1〉 미국 사립학교의 종교 특성에 따른 학교 수, 학생 수, 교사 수:
2011-12학년도

구분	학교 수(%)	학생 수 (천 명)(%)	전일제 교사 수(%)	학교 당 학생 수(명)
가톨릭학교	6,873(22.3)	1,928.4(42.9)	138,071(32.8)	280
기독교학교	11,616(37.6)	1,351.1(30.1)	131,268(31.1)	116
기타 종교계 학교	2,597(8.4)	325.3(7.2)	31,872(7.6)	125
비종교계 학교	9,775(31.7)	890.0(19.8)	119,669(28.4)	91
계	30,861(100.0)	4,494.8(100.0)	420,880(100.0)	146

[주] 기타 종교계에는 아미쉬, 그리스정교회, 이슬람, 유대교 등이 포함되어 있음.
[자료] U.S. Department of Education, National Center for Education Statistics, *Private School Universe Survey (PSS)*, 2011 - 12에서 재구성.

2011-12년도에 사립학교 고등학교 졸업반에 재학 중인 학생이 2012년도 가을 학기에 4년제 대학에 입학한 비율은 전체적으로 64.2%에 달하였다. 이것을 학교 유형별로 살펴보면 다음과 같다. 가톨릭학교 졸업생은 85.7%가 4년제 대학에 진학한 반면에, 보수적 기독교학교 출신은 60.3%, 그 외 교단 소속(affiliated) 종교계 학교 졸업생은 69.0%, 교단 소속이 아닌

독립(unaffiliated) 종교계 사립학교 졸업생은 60.5% 그리고 비종교계 사립학교 졸업생은 56.1%가 각각 당해 연도에 4년제 대학에 진학하였다(U.S. Department of Education, 2014). 가톨릭학교가 기독교학교를 포함하여 다른 유형의 사립학교에 비해 4년제 대학 진학률에 관한 한 효과적으로 학생들을 교육하고 있는 것으로 볼 수 있다.

2. 미국 사립학교 학생의 학교급과 지역에 따른 분포

미국의 사립학교 학생의 유형별 분포를 학교급에 따라 살펴보면 다음과 같다. [그림 3-3]이 보여 주듯이, 2011-12학년도에 전체 사립 초등학교 학생 가운데 약 50%는 가톨릭학교에 다니고 있다. 사립학교 학생의 7%는 보수적인 기독교학교에, 10%는 교단 소속 학교에 그리고 13%는 독립 종교계 학교에 다니고 있다. 나머지 21%는 비종교계 사립 초등학교에 다니고 있다.

중등학교의 경우 가톨릭학교에 다니는 학생의 비율은 74%나 되어 다른 유형의 학교에 재학 중인 학생들의 비율을 훨씬 상회하고 있다. 그러나 한 학교에 초등과정과 중등과정이 함께 개설되어 있는 연합(combined) 학교의 경우 가톨릭학교 재학생은 전체 사립학교 학생 가운데 겨우 8%에 지나지 않고 있어 대조를 보인다. 연합학교의 경우에는 보수적 기독교학교와 비종교계 사립학교에 재학 중인 학생이 각각 30%로서 가장 높은 비율을 보이고 있다.

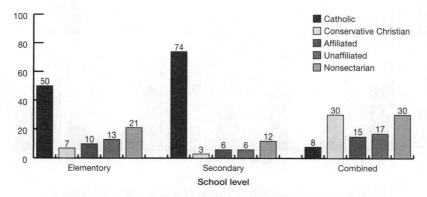

[그림 3-3] 학교급에 따른 사립학교 학생의 유형별 분포: 2011-12학년도

[주] 이 분석에서 유치원 또는 그 이상의 학교급에 재학 중인 유아원 학생들은 제외되었다. 종교 유형 구분은 [그림 3-2]의 주에서와 같다.
[자료] U.S. Department of Education, National Center for Education Statistics, *Private School Universe Survey (PSS)*, 2011-12. See *Digest of Education Statistics 2013*, table 205.30.

　[그림 3-4]는 미국의 지역에 따른 사립학교 학생의 유형별 분포를 보여준다. 2011-12학년도 현재 대도시(city), 교외(suburban), 소도시(town) 지역의 경우 전체 사립학교 재학생 가운데 가톨릭학교에 다니는 학생들이 가장 많았다. 예컨대 소도시의 경우에 전체 사립학교 학생 가운데 49% 학생이 가톨릭학교에 재학한 반면에, 가톨릭 이외 종교계 학교(기독교 포함)에 재학 중인 학생들은 39% 그리고 비종교계 학교에 재학 중인 학생들은 11%에 불과하였다. 그러나 농어촌(rural) 지역의 경우에는 기타 종교계 학교 재학생이 57%인 반면에, 비종교계 학교 재학생이 26%, 가톨릭학교 재학생이 17%에 머물러 있었다. 여기에서 기타 종교계 학교의 주류가 기독교 학교인 점을 고려할 때 기독교학교는 상대적으로 농어촌 지역에 많이 분포되어 있다고 할 수 있다.

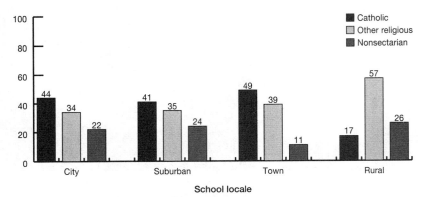

[그림 3-4] 지역에 따른 사립학교 학생의 유형별 분포: 2011-12학년도

[주] 이 분석에서 유치원 또는 그 이상의 학교급에 재학 중인 유아원 학생들은 제외되었다.
[자료] U.S. Department of Education, National Center for Education Statistics, *Private School Universe Survey (PSS)*, 2011 - 12. See *Digest of Education Statistics 2013*, table 205.30.

III. 미국 공교육제도의 전개과정과 기독교

1. 식민지 시기의 학교와 기독교

1) 백인들을 위한 교육

1620년 9월 16일 청교도 102명을 태우고 영국의 플리머스 항구를 떠난 메이플라워호는 67일간의 항해 끝에 북아메리카 땅에 정착하였다. 하지만 그 이듬해에 절반 정도가 질병, 기아 등으로 사망하였다. 아메리카 원주민의 습격, 추위, 굶주림, 질병 등의 문제와 싸워야 했던 그들은 사실 생존 그 자체가 가장 심각한 도전이었다(강준만, 2010). 이러한 상황에서 그들이 영국을 떠나온 본래의 이유를 생각하면서 공동체를 유지하고자 했던 것은 지극히 당연한 일이라고 할 수 있다. 따라서 성경 읽기를 통한 신앙의 전수가 가정적·교회적·사회적으로 가장 중요한 일이었으며, 이 시기에는 지역사회와 교회가 중심이 되어 해당 지역 아이들의 교육을 담당하였다. 당시 학교는 아직 국가의 획일적이고 표준화된 공교육의 모습을 갖추지는 않았지만, 오늘날 기준으로 보면 사립학교이면서도 공적인 성격을 강하게 띠고 있는 학교라고 할 수 있다. 식민지 시기 학교들의 특징은 다음과 같이 요약될 수 있다(김재웅, 2013; Cubberley, 1947; Jones, 2008; Kienel, 2005).

첫째, 식민지 시기 북아메리카에는 종교의 자유를 찾아 유럽의 모국을 떠난 다양한 종파를 믿는 사람들이 여러 지역에 흩어져 정착하였고, 이들은 각자 자신의 종파의 교리를 중심으로 자녀들에게 교육을 시켰다. 영국 국교인 성공회에서 이탈한 청교도들은 뉴잉글랜드 지역에, 네덜란드 칼뱅파는 뉴 암스테르담(오늘날 뉴욕)에, 프랑스 위그노파는 캐롤라이나 해안 지역에, 스코틀랜드 장로교도들은 뉴저지에, 영국 퀘이커교도들은 필라델피아에, 스웨덴 루터파는 델라웨어에, 영국 성공회 지지파는 버지니아와 남부 식민지에, 가톨릭은 주로 메릴랜드에 정착하였다. 종교적 자유가 보장되는 가운데 다양한 종파가 공존하면서 각 지역마다 자신의 종교적 신념에 따라 다양한 형태의 교육제도가 발달하였다. 예컨대 뉴저지와 뉴욕의 경우 교구가 직접 부유층을 위한 사립학교나 가난한 가정의 아동들과 고아를 위한 자선학교(charity school)를 운영하기도 하였다. Cubberley(1947)는 이러한 상황이 훗날 정부가 표준화 프로그램을 중심으로 공교육제도를 도입하고자 할 때 장애 요소로 작용하였다고 보았다. 교회가 통제하던 학교를 세속 국가가 통제하고자 할 때 각 교파의 저항이 거세었으며, 특히 공교육제도 개혁의 선봉에 나선 사람들이 주로 프로테

스탄트였기 때문에 가톨릭 등 이들과 다른 종교적 색채를 띠고 있는 집단
의 반발은 더욱 심하였다.

둘째, 뉴잉글랜드의 청교도 정착촌에서 만들어진 매사추세츠 법률을
살펴보면, 종교적 자유를 찾아 영국을 떠나온 청교도들이 가정의 종교적
가치를 자녀들에게 물려주기 위하여 얼마나 고심했는지 그 흔적을 찾아
볼 수 있다. 부모에게 맡겨진 종교교육이 가정의 형편에 따라 천차만별이
었다는 점을 고려하여 정착촌의 청교도 지도자들은 1642년 법률에서 정
부 관료에게 학부모가 자녀교육에 대한 의무를 다하고 있는지 감독할 수
있는 권리를 부여하고, 법원에게는 정부가 이 일을 잘하고 있는지 감독하
도록 하였다. 그러나 가정 중심으로 이루어지고 있는 자녀교육은 여전히
만족스럽지 못하였다. 이에 따라 1647년 법률에서는 보다 구체적으로 의
무교육의 구현 방법을 명시하였다. 예컨대 50가구 이상의 마을에서는 읽
기와 쓰기 교사를 임명하고 그의 봉급을 책임지도록 하고, 100가구 이상
의 자치구에서는 대학 준비 문법학교를 설립, 운영하도록 하였다. 이를
지키지 않으면 벌금을 물리도록 하였다. 이러한 상황 속에 아동이 일정
기간 동안 의무적으로 교육을 받아야 하고 정부는 이들의 교육을 위하여
공적 재정을 투입하여 학교를 운영해야 한다는 오늘날 공교육제도의 정
신이 이미 스며들어 있었다고 할 수 있다.

셋째, 버지니아와 남부 지역의 교육은 북부의 뉴잉글랜드 지역과는 다
른 양상을 띠고 있었다. 영국 국교인 성공회 지지파들이 정착한 버지니아
와 남부 지역에서는 백인 하인들과 아프리카 흑인 노예들을 고용하여 운
영하는 대규모 농장(plantation)이 성행하였는데, 이 지역에서는 학교 설립
의 필요성을 느끼지도 못하였고 사실상 쉽지도 않았다. 아메리카 대륙 이
주의 동기가 종교적 이유에 있지 않았던 성공회파는 북부의 청교도와는

달리 교육을 위한 종교적 동기가 강하지 않아 교회가 주민의 교육에 앞장 서지 않았다. 부유층 자녀들은 가정에서 튜터를 고용하거나 학비가 비싼 사립학교에서 고급 교양교육을 받았고, 일정 기간 공부 후에는 영국의 옥스포드나 케임브리지로 유학을 갔다(Pulliam & Patten, 1999; Urban & Wagoner, 2009). 그러나 드넓은 농경지에 흩어져 살았던 중산층 이하 가정은 자녀교육을 제대로 시킬 수가 없었다. 이러한 관행은 교육은 기본적으로 개인과 가정의 일이라는 그들의 모국인 영국 전통의 영향이라고 할 수 있다. 대신 국가는 가난한 하류 빈민층을 위한 직업훈련을 제공하였고, 교회도 가난한 아이들과 고아를 위한 자선학교를 운영하였다. 그러나 교육에 대한 국가 개입을 반대하는 상황 속에서 훗날 미국 전역을 대상으로 하는 보편적 무상 공교육제도가 성립되었다는 사실은, 다양한 종교, 인종, 언어로 얼룩진 사회를 미국인이라는 정체성으로 동화할 수 있고, 불균등한 교육기회를 해결함으로써 평등한 민주사회를 건설할 수 있다는 '교육 만능주의'가 대다수 미국인을 설득하는 데 주효했음을 말해 준다(한일조, 1993; Cubberley, 1947).

강영택(2014)도 지적하고 있듯이, 대부분의 식민지 시기 학교는 쓰기학교, 부인학교, 문법학교, 아카데미, 대학 등 그 형식과 학교급을 막론하고 기독교적인 가치를 중심으로 하는 교과과정을 운영하였다. 아카데미와 대학은 그 목적을 기독교적인 정신으로 무장된 지도자를 양성하는 데 두기도 하였다. 한마디로 식민지 시기의 학교는 '기독교학교'의 특성을 지니고 있다고 해도 과언이 아니다. 아직 정교가 분리되지 않은 상황에서 당시 지배계층이었던 백인 기독교인들은 이러한 기독교 정신을 아프리카 미국인과 미국 원주민의 교육에도 적용하기를 원하였다.

2) 아프리카 미국인과 미국 원주민을 위한 교육

① 아프리카 미국인을 위한 교육

미국 독립전쟁 이전에 아프리카 미국인의 교육에 특별한 관심을 지니고 있던 집단은 장로교, 침례교, 감리교 등 종교단체였다(Morgan, 1995; Urban & Wagoner, 2004). 이들 종교 집단은 당시 법의 규정에 어긋나고 있음을 잘 알고 있고 여론의 부담이 적지 않았음에도 아프리카 미국인의 공부를 위해 물심양면 지원을 아끼지 않았다. 그 가운데 퀘이커 교도들의 지원이 매우 활발하였는데, 이들은 재정적인 여유가 생길 때마다 노예를 사서 자유인으로 풀어 주는 일에 앞장섰다. 이것이 사회적으로 시끄러워지자 노스캐롤라이나 주 대법원은 퀘이커 교도들의 이러한 관행을 근절시키기 위하여 노예를 사서 풀어 주는 것을 금지하는 법률을 판결하기도 하였다. 이러한 법률에도 이들의 아프리카 미국인의 교육에 대한 열정은 전혀 식지 않았다.

아울러 북부 지역 대부분 교회에서는 1790년대 이후 노동자 계층 자녀들을 위한 주일학교(sunday school)를 운영하였다. 주일학교의 대상은 주로 아프리카 미국인이었으며, 글을 깨우치도록 하는 문해(literacy)의 목적도 있었지만, 거리에서 노는 아이들에 대한 사회화와 교정(correction)을 위한 종교교육의 목적이 더 강했다. 일부 주일학교에는 성인 아프리카 미국인도 출석하여 공부하기도 하였으며, 지역에 따라 주일학교 운영에 공적 자금을 지원하기도 하였다. 19세기 중반 공립학교 체제가 확립되기 전 주일학교는 많은 아프리카 미국인에게 읽기와 쓰기 측면과 도덕교육 및 종교교육 측면에서 매우 중요한 역할을 수행하였다. 그러나 백인 집단의 반대로 말미암아 아프리카 미국인의 주일학교 출석이 제한되기도 하였다. 그러나 일부 뜻있는 백인들은 여론의 반대에도 아프리카 미국인을 위한 주일학교를 계속 운영하였고, 아프리카 미국인들이 자체적으로 주일학교를 운영하기도 하였다(Morgan, 1995; Urban & Wagoner, 2004).

모든 백인들이 아프리카 미국인을 위한 교육에 적극적으로 동참한 것은 아니었다. 자유인 신분을 획득한 아프리카 미국인이 증가하고, 노예폐지론 정서가 확대되는 가운데, 흑백이 동등한 시민으로 함께 살아가는 사회에 대해 생각해 보지 못했던 많은 백인들은 심리적으로 두려움을 느꼈다. 이에 따라 백인 집단은 글을 깨우치고 지식을 갖게 되는 일 속에 모반의 씨앗을 품고 있음을 깨닫게 되면서, 아프리카 미국인의 교육활동을 억압하기 시작하였다. 특히 1831년 아프리카 미국인 노예였던 냇 터너(Nat Turner)가 일으킨 반란 사건 이후 이들에 대한 교육 억압은 더욱 심해졌다. 그럼에도 자유인 신분이든 노예든 상관없이 아프리카 미국인들은 읽고 쓰는 법을 배우는 일에 열심을 냈다. 1850년 센서스에서 12,048명의 자유 아프리카 미국인 성인의 문해율이 43%에 이르렀다는 사실이 이를 반증한다(Jackson, 2001).

이러한 가운데 1852년 매사추세츠 주에서 미국 최초로 의무취학법이 발효되었고, 이어서 1855년에는 인종, 피부색, 종교 등을 이유로 공립학교 입학을 거절하면 안된다는 법이 통과되는 역사적인 사건이 발생하였다. 이후 매사추세츠 주에서 시작된 보통학교 개혁이 성공적으로 추진되고, 점진적으로 아프리카 미국인도 공교육의 대상으로 포함하게 되기에 이른다(김재웅, 2013).

② 미국 원주민을 위한 교육
유럽의 백인들이 아메리카 대륙으로 이주해 오기 전에 북미 원주민들

은 통일된 국가 체제를 수립하지 못한 채, 여섯 개의 언어 군으로 구분되는 수 백 개의 방언을 지니고 있는 부족으로서 서로 다른 문화 속에서 살고 있었다. 초기 백인에 의한 미국 원주민 교육의 양상은 어떤 백인이 어떤 동기로 어떤 원주민을 만났느냐에 따라 매우 다양하게 나타났다고 할 수 있다. 그럼에도 나타나는 공통점은 미국 원주민의 개종과 문명화를 위하여 선교사와 교회가 중심 역할을 수행하였다는 점이다(김재웅, 2013; Hagan, 1961; Hale, 2002; Reyhner & Eder, 2004; Szasz, 1988).

초기 미국 원주민의 포교를 목적으로 아메리카를 찾은 선교사들과 종교적인 자유를 찾아 유럽을 떠난 사람들의 눈에는 미국 원주민들은 참 종교와 신을 모르는 이교도요 문명의 혜택을 입지 못하고 사는 미개인에 불과하였다. 아메리카 대륙에 식민지가 확장될 때마다 선교사들과 교회는 '교육'의 이름으로 미국 원주민을 개종시키고 문명화시키고자 하였다(Hale, 2002). 그러나 사실 유럽의 침략자들이 도착하기 전 미국 원주민들에게 교육이 전혀 없었던 것은 아니다. 그들도 나름대로 부족 공동체와 가족 안에서 공동체의 유지와 후속 세대의 생존 및 번영을 위한 교육을 실시하고 있었다. 이들은 확대된 가족 내지 부족 간에 재산을 공유하였고, 쾌락을 즐겼으며, 자유방임 식으로 자녀를 양육하는 한편, 사냥, 농업, 요리, 집짓기, 옷 만들기 등 생존에 필요한 기술을 전수하였다. 그리고 이들은 무엇보다도 인간을 자연의 일부로 파악하여 자연과의 조화로운 삶을 강조하며 살았으며, 공동체의 지도자들은 이야기를 통하여 자신들의 지혜와 신성한 상징들을 젊은 세대들에게 전수해 주었다(Hale, 2002; Trafzer, 2000; Wall, 1993).

그러나 최초의 유럽 백인 교사들이 보기에 미국 원주민들은 쾌락을 억제할 줄도 모르고, 지저분하고 더러운 집에 사는 야만인에 불과하였다

(Morgan, 1993). 선교사들은 미국 원주민들을 개종시켜 구원할 뿐만 아니라 미개한 삶에서 벗어나도록 문명화시키고자 하였다. 스프링(2007)에 따르면, 세계가 '문명인과 야만인' 또는 '기독교인과 이교도'로 구분되어 있는 것으로 믿고 있던 당시 유럽 백인들의 입장에서 원주민을 기독교로 개종시키고 인간다운 삶을 영위할 수 있도록 문명화시키고자 한 것은 매우 자연스러운 일이었고, 이런 관점에서 아메리카 정복은 '착한 일'로 정당화되었다. 이들 선교사들은 어둠과 무지 속에 살고 있는 백성에게 신에 대한 참된 지식을 가르친다는 명분으로 미국이 독립하기 전에는 본국의 지원을 주로 받고, 미국 독립 후에는 미국 정부의 지원을 받아 교회와 학교를 세워 운영하였다. 이들이 원주민 학교를 통하여 강조한 것은 기독교로의 개종 이외에 청결, 노동 윤리, 부의 축적의 즐거움, 쾌락의 억제, 아버지 중심 핵가족 형성의 가치, 권위적 자녀 양육 등 유럽의 문화적 가치였다(Spring, 2007).

크게 보면 스페인은 캘리포니아와 뉴멕시코 지역, 멕시코와 남미를 정복하면서 가톨릭을 전파하였고, 영국은 미국 동북부 지역으로부터 시작하여 미국 전역으로 개신교를 전파하였다고 할 수 있다. 가톨릭 계통에서 프랑스의 예수회 및 스페인의 프란체스코 사제들이 중심 역할을 수행하였다면, 개신교 계통에서는 American Board for Commission for Foreign Missions(ABCFM)이 핵심 역할을 수행하였다. 대부분의 선교사들이 "문명화"의 이름으로 미국 원주민의 문화를 총체적으로 변화시키려 한 반면에, 일부 선교사들은 원주민의 문화와 언어의 가치를 인정하고 그것을 보존하려는 노력을 하였다. 예컨대 일부 선교사들은 원주민 부족의 언어로 성경을 번역하기도 하고, 원주민의 언어로 가르치려고 애쓰기도 하였다(Hale, 2002; Reyhner & Eder, 2004).

미국 대륙의 주인으로 살아오던 미국 원주민들은 유럽의 백인들의 침략을 당한 이후 이들에 의한 동화와 문명화를 위한 교육을 끊임없이 강요받아 왔다. 그러나 일부 백인들은 원주민의 언어와 문화의 가치를 인정하고 그들의 정체성을 유지할 수 있도록 도움을 주어야 한다고 생각하였다. 일부 원주민들은 적극적으로 동화하기를 원하기도 했으나, 대다수의 원주민들은 부족의 고유한 언어와 문화를 지키려는 노력을 기울였다. 백인들의 입장에서 전자는 "친구들"이었고, 후자는 '적대자들'로서, 때때로 한 부족 안에서 원주민 간의 입장 차이로 인한 갈등이 첨예하게 빚어지기도 하였다. 이렇듯 미국 원주민 교육을 놓고 백인들 사이에 '동화'와 '원조'의 입장 차이가 있었고, 원주민들 사이에 '협력'과 '저항'의 입장 차이가 있었다(김재웅, 2013).

2. 보통학교 개혁부터 1960년대 초반까지 기독교학교

1) 보통학교(common school) 개혁 운동의 개요

오늘날 전 세계적으로 확립된 공교육 체제가 추구하고 있는 이념은 교육의 보편성, 평등성, 의무성, 무상성, 중립성, 전문성 등이다. Hansen(1956: 18)은 미국 공교육의 이상을 다음과 같이 여섯 가지로 정리한 바 있다: ① 우리의 학교는 모두에게 무료이다. ② 우리의 학교는 보편적이다. ③ 우리의 학교는 공비로 유지된다. ④ 우리의 학교는 공적으로 통제된다. ⑤ 우리의 학교는 의무이다. ⑥ 우리의 학교는 비종파적이다.

미국의 경우, 미국 공교육의 아버지라고 불리는 호러스 맨이 주도한 보통학교(common school)[2]의 개혁 운동 속에 이미 이러한 공교육의 원리가 스며들어 있었다. 보통학교는 초등학교 수준의 학교로서 공통적인 내용을 모든 어린이에게 무상으로 가르쳐야 한다는 취지 아래 설립된 미국의 공립학교이다. 사실 1830년~40년대에 보통학교 개혁 운동이 일어나기 전에도, 뉴욕 주와 펜실베이니아 주의 자선학교, 보스턴의 도시 교육 체제 등 주민의 세금에 의한 학교가 없었던 것은 아니다. 미국의 보통학교가 그 이전의 학교와 다르게 간주되고 있는 것은 그것이 다음과 같은 특징을 지니고 있기 때문이다(Spring, 1986). 첫째, 보통학교는 종교, 인종, 사회계층에 상관없이 모든 아동을 대상으로 하고 있다. 보통학교 개혁가들은 이들에게 공동의 정치사회적 이데올로기와 가치를 가르치면 정치적 갈등이 감소할 것으로 믿었다. 둘째, 보통학교는 정부 정책 수행의 수단으로 취급되었다. 개혁가들은 사회·정치·경제 문제의 해결을 위한 정부 정책과 학교를 보다 직접적으로 연계시키고자 하였다. 이는 학교가 모든 사회문제를 해결할 수 있다는 소위 '교육 만능주의' 또는 '만병통치' 기능과 관련이 있다. 셋째, 보통학교 개혁 이후 지역학교들을 통제하기 위한 주 정부 차원의 기관, 즉 주 교육위원회가 처음으로 생겼다. 1837년 매사추세츠 주의 초대 교육감으로 취임하여 12년 간 재직하면서 보통학교 개혁을 추

---

2   연임에 성공한 민주당 잭슨 대통령과 그 후임 밴 뷰런 대통령이 재임했던 1820년대 말~40년대 초에 이르는 시기를 흔히 "보통 사람(common man)의 시대"라고 부른다. 버지니아와 매사추세츠의 귀족 출신이었던 이전 휘그당 대통령과 달리 잭슨 대통령은 노스캐롤라이나 주의 한 통나무집에서 태어난 평민 출신으로 테네시라는 당시로서는 시골에서 정치적 기반을 닦았다. 그는 1829년 취임식 때 자기를 지지했던 많은 보통 사람을 백악관으로 초대하여 파티를 열기도 하였다. 그는 '보통 사람'의 이미지를 십분 발휘하여 대통령에 당선되었고 정치에 성공하였다. 민주당이 '보통 사람'이라는 이미지를 통하여 정치적으로 우위를 점하고 있던 상황에서 휘그당은 뭔가 새로운 돌파구를 찾지 않으면 안 되었고, "보통학교(common school)"는 바로 이에 대한 휘그당의 정치적 반응이었다고 할 수 있다(Urban & Wagoner, 2009). 동일한 단어인 '보통(common)'이라는 말은 공유하고 있지만, 보통 사람과 보통학교에서 '보통'은 전혀 다른 의미를 지니고 있는 것이다.

진한 호러스 맨은 프러시아를 방문했을 때 그 나라의 중앙집권적인 공교육제도에 깊은 감명을 받았다고 한다.

그러나 이러한 보통학교 개혁에 모든 사람이 찬동하는 것은 아니었다. 민주당과 연계되어 있던 지역주의자들은 나름대로 미국 사회의 전통을 이유로 들면서 개혁에 반대했고, 가톨릭과 정통 칼빈주의파는 비종파 교육이 자신의 종교가 중시하고 있는 가치관을 주입하기에 부족하다는 이유로 반대했다. 이러한 저항과 반대는 미국이 공립학교 중심의 공교육 체제를 수립해 나가는 데 있어서 결코 만만치 않은 것이었다. 그러나 이러한 반대는 새로운 공교육 체제의 수립을 막을 만큼 강하지는 못했다. 이들의 힘과 영향이 개혁 주체세력들에 비해 비교가 안 될 정도로 미약했기 때문이라고 할 수도 있고, 학교교육을 놓고 중앙집권화를 꾀했던 휘그당과 지역사회와 학부모의 자율적 운영을 지지하는 민주당 사이의 싸움에서 속에서 전자의 승리로 끝난 것으로 이해할 수도 있을 것이다(김재웅, 2013).

호러스 맨 등 개혁가들은 보통학교가 인간 삶의 조건의 "위대한 형평자" 역할을 수행할 수 있을 것으로 확신하고 모든 계층, 종파, 인종을 막론하고 보통학교에 의무적으로 다니도록 해야 한다고 주장하였다(Karier, 1986; Spring, 1986). 당시 급변하고 있던 사회적 상황, 즉 도시화, 산업화, 이민자의 급증 등의 사회적인 요인과 함께 신생국으로서 국가 형성(nation-building)이라는 정치적 필요성으로 인하여 공통의 가치와 시민정신을 근간으로 하는 보통학교 개혁은 다양한 종교 집단과 지역 이기주의의 반발에도 성공하게 된다. 실제로 1852년 매사추세츠 주에서 시작된 보통학교 개혁은 미국 동부 지역을 시작으로 하여 역사적·사회적 상황이 동북부와 달랐던 남부와 서부 지역까지 확산되어, 미국 전역이 통일된 교육제도를 갖추게 되었다(Kaestle, 1983).

　　그러나 보통학교 개혁 운동이 성공하여 공립학교 중심의 공교육제도
가 성립되고, 무상으로 학교교육을 실시하게 되었다고 해서 취학적령아
가 의무적으로 취학해야 하는 것은 아니었다. 무상교육과 의무취학은 항
상 일치하는 것이 아니기 때문이다. 별도의 규정이 없는 사항은 주의 책
임이 된다는 헌법에 따라 1852년 호러스 맨 주도로 매사추세츠 주에서 의
무취학법이 처음 통과된 이후 미국의 주 들은 하나의 유행처럼 의무취학
법을 통과시켜 나갔다. 1864년에는 워싱턴, D.C.에서, 이어서 1867년에
버몬트 주에서 의무취학법을 통과시켰고, 1890년까지 27개 주가 그리고
1900년까지 6개 주가 추가적으로 의무취학법을 통과시켰다. 남부의 주들
은 의무취학법 제정 시기가 북부의 주들에 비해 다소 늦었다. 1905년에
테네시 주가, 1907년에 노스캐롤라이나 주가 의무취학법을 통과시켰고,
1918년에 미시시피 주를 끝으로 하여 미국의 모든 주가 의무취학법을 제
정하게 되었다(Katz, 1976).

2) 공교육제도의 성립과 기독교학교

(1) 보통학교 개혁과 기독교

　　학교를 사회의 질서를 유지하고 통제하는 중심 기관으로 보았던 호러
스 맨은 사회악을 치유할 수 있는 희망을 법에 두지 않고 도덕교육에 두었
다(그는 주 교육감으로 취임하기 전에 주 의회 의원으로 일하면서 '주류판매금지법' 등을
통하여 사회의 질서를 유지하고자 했으나, 그러한 법으로는 한계가 있음을 절실히 깨달았
다). 당시 사회문화적 상황에서 도덕교육이란 곧 종교교육을 의미하였다.
그는 학교 안의 모든 교과는 결국 도덕교육으로 환원되어야 한다고 생각

하였다. 그렇다고 이미 기독교 안에도 다양한 종파가 생겨나는 등 종교적
으로 다원화된 사회 안에서 특정 종파의 교리를 공립학교에서 가르치도록
할 수는 없는 일이었다. 호러스 맨이 12년 동안 매사추세츠 주의 교육감으
로 재직하는 동안 그를 가장 괴롭힌 것은 공립학교의 종교교육 문제였다
(Karier, 1986).

학교 안의 종교교육과 관련하여 호러스 맨은 다음과 같은 대안들에 대
해서는 반대 의견을 분명히 하였다(Spring, 1986). 첫째, 학교에서 종교교육
을 전혀 하지 않는다. 둘째, 학교에서 정부가 정한 특정 종교(종파)의 교리
를 모든 아동에게 가르친다. 셋째, 지역사회마다 다수가 믿고 있는 종교
(종파)를 선택하여 학교에서 가르친다. 넷째, 정부가 아동의 교육에 대하
여 전혀 간섭하지 않는다. 즉 이것을 가정, 지역사회, 교회 등에 일임한
다. 공화정부의 도덕적인 시민을 양성하기 위하여, 이러한 대안을 제외하
고 나서 그가 택한 길은 모든 종교(특별히 기독교의 여러 종파)의 공통적인 요
소를 가르치는 것이었다. 그는 구체적인 방법으로 "아무런 해석이나 주석
없이 성경을 읽는 것"을 선택하였다. 이것은 공교육의 원리로서의 중립성
[3]의 명분으로 강조되기도 한 것이다. 호러스 맨 등 당시 보통학교 개혁 주
체들은 미국 중산층 출신으로서 개신교의 전통과 가치가 공립학교에 자
연스럽게 스며들기를 원했다. 이들이 신봉했던 개신교 이데올로기의 특
징은 다음과 같이 요약된다(Kaestle, 1983: 76). ① 공화정의 신성함(개인주의,

---

3 이러한 중립성의 원리는 학교에서의 종교 행위를 더욱더 어렵게 만들어 왔다고 할 수
있다. 학교에서의 종교적 중립성에 관한 최근의 판례는 다음 세 가지의 특징을 지니고
있는 것으로 보고 있다(손희권, 1998: 155-156). 첫째, 종교에 적대적이어서는 안된다.
둘째, 종교와 무종교 또는 비종교 간에 중립성을 지켜야 한다. 끝으로 종교 간에 중립성
을 지켜야 한다. 미국의 경우 학교에서 종교 행위(특히 개신교적 전통)의 약화를 구실로
보수적인 기독교의 입장에 있는 학부모가 홈스쿨링을 대안으로 택하고 있는 사례가 증
가하고 있는 것으로 보인다(김재웅, 2009).

자유 그리고 덕). ② 사회적 이동에 있어서 개인적 특성의 중요성. ③ 성실과 업적의 판정에 있어서 개인적 노력의 핵심적 역할. ④ 높이 존경받으나 제한적인 가사일에 여성의 역할 한정. ⑤ (인종적·민족적 한계 속에서) 인격형성에 있어서 가정과 사회환경의 중요성. ⑥ 사유재산의 신성함과 가치. ⑦ 미국에서 경제적 기회의 평등과 풍요로움. ⑧ 미국 개신교 문화의 우월성. ⑨ 미국의 운명의 숭고함. ⑩ (교육을 통한)미국의 다양한 인구에 대한 통합을 위한 공적 노력의 필요 등.

모든 종파에 공통적인 요소를 종교교육의 기본으로 하겠다고 하였으나, 개혁가들의 신앙의 터전인 개신교 전통을 뛰어넘을 수는 없었던 것으로 보인다. 그러나 이들이 강조했던 개신교는 식민지 초기 청교도주의(Puritanism)와는 거리가 있다고 보아야 할 것이다. 이들은 도덕을 중시하기는 했지만, 종파주의를 극복하고자 애를 썼기 때문이다. 특별히 호러스 맨은 다양한 종파의 공통점을 뽑아 만든 비종파적 종교를 자연 종교(natural religion)라고 불렀다. 그럼에도 그는 자기가 신봉하고 있던 유일신앙(Unitarianism)의 입장에서 종교교육이 실시되기를 바랐던 것으로 보인다(Litz, 1975: 282).

"주석 없이 성경 읽기" 등 비종파적 교육을 내세운 개혁가들의 주장에 대해 보수적인 개신교, 가톨릭 등 기독교 내의 여러 종파들이 비판하고 나섰다. 예컨대 성경 읽기는 기본적으로 개신교의 전통이라는 점과 보통학교에서 교사와 학생이 읽는 성경이 킹제임스 성경이라는 점에서 로마 가톨릭은 '성경 읽기'를 반대했다. 이 문제는 특히 가톨릭 신자가 밀집되어 있던 뉴욕 주에서 심각하였다. 가톨릭 교도들에게는 보통학교 개혁이 '모든 사람들에게 공통(common to all)'이 아니라 프로테스탄트에게만 공통인 학교를 추진하는 것으로 비쳐졌다. 가톨릭 신자들과 개신교 신자들

사이에 갈등이 극심했던 상황에서 1838년 뉴욕 주지사로 당선된 휘그당
의 윌리암 수워드(William Seward)는 사회 통합 차원에서 공적 자금을 가톨
릭학교에도 지원하려고 하였다. 그러나 이에 대하여 당시 집권당인 휘그
당은 강하게 반발하고, 민주당은 지역 통제의 원칙에 입각하여 가톨릭의
입장을 지지하였다. 이러한 상황에서 1842년 뉴욕 주 선거에서 일부 가톨
릭 신자들이 폭도들에게 핍박을 당하는 사건이 발생하고, 이어서 1843년
필라델피아에서도 소위 '필라델피아 성경 반란'이 발생하여 가톨릭교회가
불타고 13명의 신자가 죽는 사건이 발생하였다. 이에 따라 가톨릭은 프로
테스탄트 이데올로기를 반영하고 있는 정부학교 즉 보통학교와는 달리
별도의 교구학교를 자체적으로 구축하기 시작하였다. 이러한 가톨릭학교
들은 향후 미국 사립학교의 주종을 이루게 된다(Spring, 1986).

한편 구약성서를 중심으로 신앙생활을 하고 있는 유대교파에서도 보
통학교에서 신약성서를 읽는 데 대한 강한 거부 반응을 나타냈다. 그러나
이들 가톨릭이나 유대교 종교 집단은 정치적으로 힘이 약한 소수 집단이
었기 때문에 개혁파의 '성경 읽기'를 막거나 수정하는 데까지 미치지는 못
했다(Jones, 2008; Karier, 1986: 64).

가장 큰 반발은 흥미롭게도 정통 개신교라고 할 수 있는 칼빈주의파로
부터 제기되었다. 이들이 보기에 공립학교화 된 이후에 시행되고 있는 형
식적인(?) '성경 읽기'만 가지고는 전통적인 기독교 신앙을 학생들에게 전
달해 줄 수 없다는 것이다. 일부 열성 신자들은 심지어 공립학교가 '하나
님 없는 학교'로 변화하고 있다고 비판하기도 하였다. 주 정부가 나서서
공립학교를 만들기 전에는 학부모와 지역사회가 자발적으로 자신들의 필
요에 의해 만든 학교에서는 개신교의 교리에 따라 다양한 종교 행위를 학
교에서도 할 수가 있었다. 이들 눈에는 새로운 공립학교가 세속화의 길을

걷고 있는 것으로 비쳤을 것이다. 이들은 학교에서 성경의 가르침을 소홀히 하였기 때문에 청소년 범죄가 증가하고 사회 전반의 도덕적 타락이 심해졌다고 비판하기도 하였다.

가톨릭, 유대교, 루터교, 정통 칼빈주의파 등의 거센 비판과 도전에도 점점 더 많은 사람들이 개혁가들의 생각에 동조하였고, 결국 개혁가들은 공통의 가치관과 태도를 가르치는 보통학교를 통한 새로운 미국 사회 건설의 꿈을 안고 앞으로 나갈 수가 있었다(김재웅, 2013; Litz, 1975). 미국 내 주류 교회와 기독교인들도 학교와 교회가 소위 '평행적 기관(parallel institutions)'으로 존재할 수 있을 것으로 보고 공교육제도를 지지하였다고 할 수 있다(강영택, 2014; Carper & Layman, 1995; Jones, 2008). 평행적 기관이란 (공립) 학교와 교회가 각자의 역할에 충실하면서 공존할 수 있음을 가리키는 말이다. 즉 학교는 성경 읽기와 기도 등을 통한 기독교 가치를 전수하는 역할을 하고, 교회는 주일학교와 예배를 통해 자기 교파의 특수한 교리와 전통을 유지하면서 학교와 교회가 조화와 협력을 이룰 수 있다는 것이다. 대부분의 기독교인들은 공립학교가 기독교 가치를 훼손하기보다는 함양하는 데 도움을 줄 것으로 믿었던 것이다.

이러한 사회적 분위기에서 지역별로 운영되던 대부분의 기독교 기반 학교들은 보통학교, 즉 공립학교로 편입되었다. 그럼에도 가톨릭과 함께 일부 기독교 교단은 자체적으로 사립학교를 유지하였다(강영택, 2014). 예컨대 독일 이민자가 중심이 된 미주리 루터 교단의 경우 창립부터 교회마다 하나의 학교를 운영하는 것을 목표로 삼고 실천하였다. 교단 창립 시에는 12개 교회가 14개 학교를 운영하였으나, 25년 후인 1872년에는 445개 교회가 472개 학교를 운영하게 되었고, 학생 수도 3만 명이 넘었다. 개혁주의 기독교라고 불리는 칼빈파는 네덜란드 이민자들이 주를 이루었는데, 보통학교 개혁에 반발하면서 교구별로 자체 학교를 설립하였다. 칼빈파가 1856년도에 미시간에 최초의 기독교학교를 설립한 이후, 19세기 말아브라함 카이퍼의 영향을 받은 네덜란드 이민자들이 대거 몰려오면서 기독교학교 설립은 크게 탄력을 받았다. 1890년에 15개 학교, 1,482명에서 1920년에는 80개 학교, 10,980명으로 증가하였다. 이들 교단 학교들은 1960년대 중반 이후 우후죽순처럼 생겨난 보수적(근본주의) 기독교학교들과 함께 오늘날 미국의 기독교학교의 주류를 이루고 있다.

② 공립 고등학교의 등장과 기독교학교

지금과 같은 형태의 고등학교가 생기기 전에는 문법학교(grammar school) 또는 라틴학교(Latin School)라는 사립 교육기관에서 극히 일부의 사회지배층 자녀들에게 고전 인문교육 중심의 대학 준비 교육을 실시하였다. 라틴 문법학교가 서서히 자취를 감추고 19세기 초반에는 그 자리를 등록금 아카데미(Tuition Academy) 또는 크리스천 아카데미(Christian Academy)가 대신하게 된다. 이러한 학교는 주로 기독교적 성격을 띤 기숙형 학교로서 비싼 등록금을 지불해야 했다. 이러한 상황에서 1821년에 보스턴의 English Classical School(3년 후 English High School로 개명)이라는 새로운 형태의 고등학교가 처음으로 설립되었다. 이 학교는 라틴어를 포함한 고전 인문교육 중심의 전통적인 문법학교와는 달리 항해술(navigation), 부기(bookkeeping), 도덕, 철학 등 실천적인 과목도 가르쳤다.

이후 1827년에 매사추세츠 주는 5백 가구 이상의 도읍에서는 미국 역사, 지질학, 조사 연구, 부기 등을 가르치는 학교를 설립해야 하고, 4천 명이상의 제법 큰 도시는 라틴어, 그리스어, 역사, 수학, 논리학 등을 가르치는 학교를 반드시 설립해야 한다는 법을 제정하였다. 이때는 아직 고등학교라는 명칭은 사용되지 않고 있었지만, 1840년 이후에는 이 법에 의해 설립된 학교들은 모두 고등학교가 되었다. 전통적인 라틴 문법학교나 등록금 아카데미의 경우 대개 사립 기숙형 학교였기 때문에 학생들이 집을 떠나야 하는 불편함, 추가적인 비용 등으로 인하여 학부모들의 불만이 있었지만, 새로 생긴 공립 고등학교는 집에서 다닐 수 있는 동네에 있었기 때문에 일반 학부모들이 환영하였다(Spring, 1986). 엘리트 계층의 자녀들만 다녔던 문법학교와 달리 공립 고등학교는 무상으로 운영되기 때문에 좀 더 많은 학생들이 고등학교에 들어갈 수 있게 되었다.

공적 재원으로 공립 고등학교를 설립하게 되는 기폭제가 된 사건은 1874년 미시간 주의 칼라마주 판결(Charles E. Stuart vs. School District No. 1 of the Village of Kalamazoo)이다. 이 판결은 1859년에 제정된 미시간 주의 고등학교 설립 관련법의 적용에서 비롯되었다. 이 법은 100명이 넘는 학교구의 경우 고등학교를 설립하려면 반드시 주민 투표를 거치도록 하고 있었다. 그러나 당시 주민 투표 없이 고등학교가 설립된 데에 대하여 원고측은 이는 현행법을 어긴 명백한 불법이며, 행정당국이 세금을 가지고 무상 공립 고등학교를 설립할 수 있는 권한도 위임받은 바가 없다고 주장하였다. 당시 핵심 쟁점은 세금을 통한 무상 공립 고등학교의 설립, 운영이 가능한 것인가의 문제였으며, 원고측의 주장은 세금으로 고등학교 설립, 운영은 안 된다는 것이었다. 그러나 당시 미시간 주 대법원장 토마스 쿨리(Thomas Cooley)는 고등학교 설립을 위해 반드시 주민 투표를 해야 한다는 이슈를 기각하였는데, 이미 대다수 시민들이 무상 공립 고등학교 설립을 지지하고 있다는 것이 그 이유였다. 아울러 공립 고등학교가 없으면 부자들만 대학 진학하는 데 유리할 뿐이라는 점도 지적하였다. 이러한 미시간 주의 판결은 무상 학교의 범위를 보통학교에서 고등학교까지 확대 적용한 것으로서, 이후 다른 주에서도 무상 공립 고등학교를 인정하게 된다.

그러나 모든 청소년을 위한 공립 고등학교를 공적 재정으로 운영하고 자 할 때, 그 명분은 충분히 납득할 만한 것이었으나, 국민의 합의를 이끌어 내는 일은 결코 쉬운 일이 아니었다. 보통학교 개혁에서도 여러 이해집단들이 개혁에 대하여 비판의 목소리를 냈던 것처럼 고등학교의 무상 공교육화 과정에서도 여러 이해집단들은 나름의 논리와 경험적 증거를 가지고 반대의 목소리를 냈다. 결국 이러한 정치적 과정에서 고등학교 개혁 운동가들이 승리하고 지역에 따라 시차는 있었지만 미국의 모든 주가 고등학교를 학제의 중요한 단계로 편입시키게 된다(김재웅, 2013).

19세기 말 새로운 교육기관이었던 고등학교가 팽창한 것은 기술의 발전으로 인하여 산업구조가 변하고, 이에 따라 필요로 하는 인력의 특성이 달라졌다는 사실과 밀접히 관련되어 있다. 산업 기술의 변화로 이전까지의 미숙련 노동자는 더 이상 필요하지 않게 되었고, 대신에 숙련된 노동자가 요구되었다. 고등학교는 이러한 새로운 노동인력을 공급하는 데 적절한 교육기관으로 간주되었다.

전통적으로 고등학교의 성격을 지니고 있던 라틴 문법학교가 엘리트 교육기관이었기 때문에 고등학교는 엘리트 계층을 위한 것이라는 고정관념이 팽배해 있었다. 공립 고등학교의 설립은 일부 특권층 자녀들의 대학진학을 준비하기 위한 고등학교에서 대학 진학뿐만 아니라 가정, 공장, 회사 등 다양한 직업 세계로 진로를 준비시켜 주는 기관으로 변화를 의미하는 것이었다. 이러한 상황에서 일반 대중을 위한 고등학교를 세금으로 운영한다는 것은 당시 상황에서 매우 새로운 아이디어였고, 이에 대해 반대하는 사람들이 많은 지역일수록 이에 대한 합의가 쉽지 않았다. 공립 고등학교 제도의 성공적인 안착은 결국 지역의 학부모, 납세자들, 교육자, 노동계, 기업, 교회 등 관련 집단이 민주적 절차에 따라 정치적 타협을 통하여 합의를 도출해 낸 결과라고 해석할 수 있다(Franciosi, 2004, Reese, 1995).

또한 공립 고등학교가 급격하게 확대된 것은 19세기 말과 20세기 초반 미국 사회에 지배적인 가치 가운데 하나인 사회적 효율성(social efficiency)과 밀접히 관련을 맺고 있다(Krug, 1964, Spring, 1986). 사회적 효율성 논리에 따라 학생들이 사회에서 요구하는 구체적 역할을 잘 수행할 수 있도록 학교가 준비시켜 주어야 한다는 방향에서 고등학교 정책이 진행되었다. 구체적으로, 이러한 사회적 효율성 아이디어가 고등학교 정책에 준 시사점은 다음과 같은 것들이었다. 첫째, 학교의 교과과정은 학생의 미래에 사회적 필요를 충족시키기 위해 구성되어야 한다. 둘째, 학교 활동은 미래 사회 활동 준비로서 협력을 가르치기 위해 설계되어야 한다. 셋째, 학생의 미래 사회적 목적지에 따라 분화된 교과과정을 제공해야 한다. 이러한 가치관에 비추어 볼 때, 고전 인문교육 중심의 전통적인 문법학교는 더 이상 적합하지 않기 때문에 고등학생의 미래 직업 진로와 함께 다른 사람과 어울려 지내는 법을 고려할 수 있는 새로운 공립 고등학교의 설립이 정당화되었다고 할 수 있다.

1890년 이후 고등학교의 숫자와 재학생은 지속적으로 확대되어 왔다. 1890년에 20만 명에 불과했던 고등학교 학생 수는 1912년에 110만 명을 넘어서고, 1940년이면 650만 명을 넘어 14-17세 가운데 4분의 3 이상이 고등학교에 재학하게 된다. 1970년에 고등학교 학생 수는 1,300만 명을 넘게 되고, 1980년 이후 14-17세 취학 적령 인구의 90%가 고등학교에 다니게 된다(Krug, 1964, 1972; Reese, 2005).

이렇듯 공립 고등학교가 보편화되는 과정에서 그동안 왕성하게 운영되었던 기독교 계통의 사립 고등학교, 즉 크리스찬 아카데미 또는 등록금 아카데미는 급격하게 그 숫자가 줄어들었다. [그림 3-5]는 공립 고등학교가 1900년 이후 급격하게 증가한 반면에, 사립 크리스천 아카데미는 1850년에 약 6천 개로 정점을 이룬 후 계속 감소하여 1925년 즈음에는 그 존재감이 거의 사라지고 있음을 보여 준다. 이 당시 공립 고등학교로 편입되지 않은 기독교학교들은 오늘날까지도 그 명맥을 이어오고 있다.

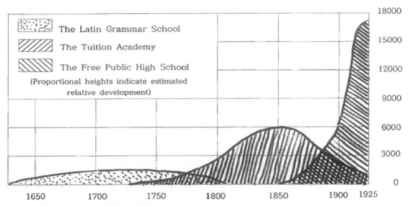

[그림 3-5] 미국 공립 고등학교와 라틴 문법학교 및 등록금 아카데미의 변화
[자료] Kienel, P. A. (2005). *A History of Christian School Education*. Colorado Springs, CO: Purposeful design. p. 230.

3. 1960년대 중반 이후

학교에서 사용하고 있는 교과서가 비기독교적인 내용을 많이 담고 있다는 데에 불만이 많았던 보수 기독교 신자들은 1962년과 1963년도에 연방정부 대법원이 교실 안의 기도와 성경 읽기가 위헌이라고 판결한 이후 정부의 공교육 정책에 대한 비판의 강도를 높여 갔다. 이들 중 일부는

1954년 Brown 판결 이후 '니그로'가 학교로 들어오고, 하나님을 학교 밖으로 내몰았다고 주장하면서, 실제로 공립학교를 떠났다(김재웅, 2009). 이들이 볼 때 공립학교는 더 이상 그동안 믿어 왔던 프로테스탄트 정신을 전수하는 역할을 수행하고 있지 않았고, 새로운 대안을 찾을 수밖에 없었다.

그동안 대부분 기독교인들은 공립학교 체제에 대하여 묵시적인 지원을 해왔다고 할 수 있다. 그러나 20세기 중반 이후 공립학교를 둘러싸고 벌어진 변화들로 말미암아 공교육제도에 대한 불만의 목소리가 터져 나오기 시작했다. 위에서 지적한 성경 읽기와 기도 금지로 인한 학교의 세속화 물결 이외에도, 미국 학교교육의 질적 저하 문제가 심각하게 떠올랐다. 이러한 문제를 해결하고자 발표된 개혁안이 1981년의 "위기에 처한 국가(A Nation at Risk)"라는 연방정부 보고서이다.

인종통합 정책, 세속적인 인본주의 그리고 학교 기도와 성경 읽기 금지 정책에 반대한 많은 기독교인들은 기독교학교를 설립하여 자기들의 욕구를 충족시키고자 하였다. 이들이 설립한 기독교학교들은 그 이전의 칼빈파나 루터교 기독교학교들과는 달리, 교단의 지원을 직접 받기보다는 대체로 지역 교회와 개인들의 후원 속에서 운영되었다. 이에 따라 기독교학교는 빠른 속도로 증가하였다.

이들 학교들은 기관 평가 인정(accreditation), 교원 연수, 법적 보호 등의 도움을 받기 위하여 기독교학교 연합에 가입하였다. 예컨대 이 분야에서 가장 큰 조직인 국제 기독교학교 연합(Association of Christian Schools International, ACSI, 1978)은 기존의 세 개 단체, 즉 National Christian School Education Association(NCSEA), Ohio Association of Christian Schools(OACS) 그리고 Western Association of Christian Schools(WACS)를 합병하여 만든 단체로서 2007년도에 약 100개국에 있는 5,300개교가 회원으로 되어 있다.

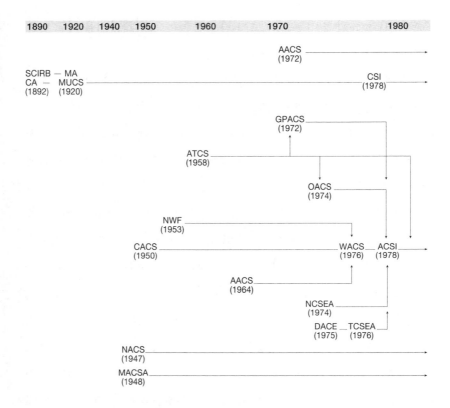

1890	1920	1940	1950	1960	1970	1980

AACS
(1972)

SCIRB — MA
CA — MUCS
(1892) (1920)

CSI
(1978)

GPACS
(1972)

ATCS
(1958)

OACS
(1974)

NWF
(1953)

CACS
(1950)

WACS   ACSI
(1976) (1978)

AACS
(1964)

NCSEA
(1974)

DACE — TCSEA
(1975) (1976)

NACS
(1947)

MACSA
(1948)

[그림 3-6] 미국 기독교학교 연합의 변천과정

[자료] Roth, D. L. (1981). *A Historical Study of the Associations of Teachers of Christian Schools*, 1958-1979, Ph.D. dissertation, Northern Illinois University. p. 181을 인용한 Kienel, P. A. (2005). *A History of Christian School Education*. Colorado Springs, CO: Purposeful design. p. 311.

미국 내에서 이 연합에 가입한 학교는 1983년에 308개 학교에서 2007년에 3,885개로 증가하였으며, 747,000명의 학생을 교육시키고 있다(Jones, 2008). 콜로라도 주 콜로라도 스프링스에 본부를 두고 있는 이 단체는 회원교에 대한 기관 평가 인정 서비스 이외에, 자체 기관 발전 계획 수립, 일부 과목에 대한 교사자격증 업무, 스탠포드 학력검사(Stanford Achievement

Test) 등 학생평가 업무, 교수-학습 자료의 개발 및 제공, 연방정부에 대한 관련 법률 로비 등을 통하여 도움을 주고 있다. 그 외에 전국적인 규모의 중요한 기독교학교 연합으로서 American Association of Christian Schools(AACS, 1972), Christian Schools International(CSI, 1978), National Association of Christian Schools(NACS, 1947), Mid-Atlantic Christian School Association(MACSA, 1948) 등이 있다(괄호 안의 연도는 각 단체의 창립 연도). 이러한 기독교학교 연합은 통합과 연대의 과정을 통해 형성, 발전되어 왔는데, [그림 3-6]은 이러한 변화과정을 잘 보여 준다.

그리고 이 외에도 주 정부의 평가 인정에 의도적으로 참여하지 않은 독립 기독교학교들이 우후죽순처럼 생겨났다. 1980년대에 이러한 독립 기독교학교들의 숫자는 연구자들에 따라 6천 개부터 2만 5천 개에 이르기까지 그 추정치가 천차만별이기는 하지만, 중요한 것은 세속적인 공립학교를 떠나 기독교에 터한 교육을 실시하겠다는 보수 기독교 우파의 움직임이 사회적으로 이슈가 될 정도로 커졌다는 사실이다. 결과적으로 미국 내 기독교학교에 재학하고 있는 학생 수는 1964년도에 1만 명에서 1971년도에 14만 명, 1981년도에 45만 명 그리고 1993년도에는 96만 명으로 급격하게 증가하였다(Carper & Hunt, 1984; Cooper & Gargan, 1996). 앞의 〈표 3-1〉에서 알 수 있듯이, 이 숫자는 2011년에 135만 명으로 증가하였다. 1990년에 들어서면서 "소금과 빛"의 역할을 하려면 비기독교들이 있는 학교에 남아 있어야 한다는 주장도 나타났으나, 공립학교가 그 전보다 더 해로워졌으므로 당장 자녀들을 학교에서 빼내와야 한다는 보수적인 복음주의자들의 목소리는 더욱 커졌다(Bivins, 2003; Carper & Hunt, 2007; Gaither, 2008; Jones, 2008; Rose, 1988).

IV. 미국 기독교학교의 최근 쟁점

1. 정치적 통합과 기독교학교: 순기능과 역기능

사실 교육이라는 인간 활동은 인류가 지구상에 출현한 이래 가족, 일터 그리고 지역사회 등 사적 영역에서 자유롭게 이루어졌었다. 그러나 근대적인 국가가 성립된 이후 국가는 누가 어디에서 무엇을 어떻게 가르치고 배워야 하는지에 대해 관심을 갖게 되었고, 공교육제도는 이러한 교육에 대한 사회적 관리의 아이디어가 도입된 결과라고 할 수 있다. 국가가 교육에 대해 관심을 갖게 된 배경과 이유는 나라마다 다르겠지만 대체로 근대적인 국가 형성 과정에서 동일한 언어, 이데올로기, 가치관 그리고 문화 등을 국민에게 주입하여 강력한 국가를 만들겠다는 정치적 필요성을 떠나서는 설명하기가 어려울 것이다. 아울러 산업화 시대를 맞이하여 읽고 쓰고 셈할 줄 아는, 소위 3R's(Reading, Writing, Arithmetic)를 갖추고, 대규모 산업조직에서 필요로 하는 시간 엄수, 상급자에 대한 복종, 청결 등의 태도를 내면화하고 있는 인력을 대량으로 공급하는 데 학교만큼 좋은 기관은 없었을 것이다. 전국의 동네마다 학교를 세우고, 교사를 양성하여 배치하고, 교과과정을 만들어 제공하는 등 공교육제도를 운영하는 일은 공적 재정이 엄청나게 소요되는 국가적 프로젝트이다. 미국의 경우 유럽 이민자들이 지역별로 자기들의 종교와 언어를 가르치는 학교를 설립, 운영해 오던 전통으로 인하여 정부 주도의 획일적이고 표준화된 공교육제도 개혁에 반발이 적지 않았으나, 결국 19세기 중반 무렵 미국 전역에 걸쳐 공교육제도가 자리를 잡게 된 이면에는 '미국화(Americanization)'라고 하는 정치사회적 필요에 대한 사회적 합의가 깔려 있었다고 할 수 있다(김재웅, 2013).

미국의 주들은 공립학교 중심의 공교육제도를 운영함에 있어서 별도의 건학 이념을 지니고 있는 사립학교를 장애물로 여기기도 하였다. 예컨대 Oregon 주의 의무취학법은 사립학교를 인정하지 않고 모든 학생들을 공립학교에 다니도록 규정하고 있었다. 그러나 Pierce v. Society of Sisters(1925)라고 하는 유명한 판례는 정부가 아동을 부모의 뜻에 따라 교육할 수 있는 자유를 부당하게 간섭하고 있음을 밝히면서 사립학교가 합법적인 교육기관이 될 수 있는 법적 근거를 제시하였다. Society of Sisters는 1880년에 가톨릭 정신에 따라 설립된 단체로서 사립학교를 운영하고 있었으며, 학교에서 나오는 수입은 단체를 운영하는 데 중요한 재원 가운데 하나였다. 그러나 8~16세의 아동은 의무적으로 공립학교에 출석하도록 되어 있는 1922년 오리건 주의 의무취학법에 따라 그 학교 학생들이 대거 공립학교로 옮겨갔고 학생 수가 급감하였다. 이러한 와중에 학부모의 학교선택권을 인정한 위의 판례는 아동들이 국가의 피조물이 아니라고 하면서, "국가의 자녀들이 공립학교 교사들에 의해서만 교육되어야 하는 것은 아니며, 아동을 양육하고 지도하고 있는 사람들이 그 의무와 함께 권리를 향유한다"고 명시하였다(김재웅, 2009; Alexander & Alexander, 2009; Richardson & Zirkel, 1991). 이후 종교적 이념을 비롯하여 특정 건학 이념을 바탕으로 하는 사립학교는 공립학교와 함께 미국의 공교육제도의 중요한 일부를 이루면서 발전해 왔다.

그럼에도 종교계 사립학교가 공교육제도의 목표로 내걸었던 정치사회화, 사회평등, 산업인력 양성 등과 관련하여 효과적으로 기여하고 있는지에 대한 논란이 그치지 않았다. 프로테스탄트 정신과 가치가 반영되었다고 믿었던 공교육제도 형성 초기는 공립학교에 반대하고 자체적으로 학교를 운영했던 가톨릭 집단에 대해서 비판적인 견해가 강하게 제기되었다. 그러나 '교육의 종교적 중립' 명분하에 공교육제도가 세속화의 길을 걷기 시작한 1960년대 중반 이후 보수적인 기독교 집단마저 공립학교를 탈퇴하여 별도의 사립학교를 만들거나 홈스쿨링을 선택하게 되면서 이러한 비판은 보수적인 기독교 집단에게도 적용되고 있다.

소위 '교육의 공공성'을 강조하는 입장에 서 있는 비판 세력은 이러한 기독교 사립학교가 국가의 정치적 공동체에 통합되지 않고 반사회적인 성격을 띠고 있다고 본다. 예컨대 애플(Apple, 2000) 같은 학자는 보수적인 기독교 집단의 경우 국가의 자녀 교육권보다 교회와 부모의 자녀 교육권을 훨씬 중요하게 생각하고 있다고 하면서, 공공성을 띠고 있어야 할 공교육제도뿐만 아니라 '연합된 주(United States)'로서의 미국에 위협적인 존재라고 비판의 목소리를 높이고 있다. 편협한 종교적 이데올로기 교육으로 말미암아 기독교학교 출신 학생들은 국가에 대한 충성심이 떨어지고 비타협적인 태도를 갖고 있다는 것이다. 미국처럼 다양화되고, 복잡해지고, 분절화 된 사회일수록 사회 전체를 하나로 엮을 수 있는 장치가 필요한데, 바로 국가가 운영하는 공립학교가 그 기능을 담당해야 한다는 것이다(Jones, 2008).

이러한 비판에 대하여 많은 연구 결과들은 종교계 학교들이 사회적으로 선한 시민, 정치적으로 적극적인 시민을 양성하고 있다는 증거를 보여 주고 있다. 아울러 이러한 입장에 서 있는 연구자들은 영국으로부터 미국이 독립할 때, 아프리카 미국인들을 노예로부터 해방시킬 때 핵심적인 역할을 수행한 사람들이 기독교 신앙으로 무장된 사람들이었고, 이러한 사람들이 기독교 교육을 받은 사람들이란 점에서, 미국 사회가 중시하는 가치인 자유, 즉 정치적 권위주의와 통제 및 억압에 대한 저항 정신을 함양해 온 기독교학교는 미국 사회의 발전과 통합에 기여해 온 바가 크다고 주장한다. 이러한 점에서 기독교학교는 미국 사회의 특징인 자유 정신을 고취하고 다양성을 꽃피우는 데 기여하고 있으므로 공적 재정을 지원하는 것이 마땅하다고 보기도 한다(Kang, 2006).

국가에 대한 기독교학교의 영향에 대한 논쟁은 아직 진행형이다. 어쩌면 이 문제는 경험적 증거의 문제라기보다 각자 터하고 있는 정치적, 종교적 입장의 차이에서 오는 논쟁일지도 모른다. 우리나라의 경우 일본 지배하에 있을 때 기독교학교가 국가 사회에 대하여 기여한 바가 지대한 것으로 알려져 있다. 과연 오늘날 기독교학교는 국가에 대하여 어떠한 역할을 수행하고 있는지 살펴볼 필요가 있다.

2. 교회와 기독교학교의 관계

대부분의 종교 집단은 그 종교의 세력을 유지, 확장시키고자 하는 목적을 위해 학교를 수단으로 삼아 왔다. 예컨대 유태인들은 유대교의 경전과 교리를 가르치기 위하여 가는 곳마다 '회당(synagogue)'를 운영해 왔고, 불교 또는 이슬람교가 지배적인 국가의 경우 학교를 통해 불교 또는 이슬람교의 주요 가치와 원리를 모든 학생들에게 주입하고자 한다. 그러나 정치와 종교가 분리되고, 종교 다원주의가 지배적인 근대에 들어와서 이러한 의미의 종교교육은 대부분 국가의 공교육제도에서 설 자리를 잃게 되었다. 즉 대부분의 나라에서는 공교육제도가 종교에 대해 중립적이기를 요구하고 있기 때문에 특정 종교집단이 학교를 직접 통제하는 것은 쉽지 않다. 전통적으로 기독교가 지배적인 종교인 미국의 경우에도 예외가 아니어서, 적어도 공립학교에서는 특정 종교의 가치를 주입하는 행위를 하지 못하도록 하고 있다.[4] 자기 가정의 종교와 다른 종교의 가치와 교리가 학생들에게 무조건적으로 주입되는 것을 가만히 앉아서 보고 있을 학부모가 없다는 점에서도 공교육제도의 종교 중립은 그 정당성이 인정된다.

미국의 경우 교회와 기독교학교의 관계는 이러한 맥락에서 이해할 수있다. 그러나 가톨릭, 칼빈파, 루터교 등은 호러스 맨 등이 주도한 보통학교 개혁 운동에 반대하여 공교육 초기부터 별도의 학교를 만들어 운영하기도 하였지만, 공교육제도가 기독교의 정신에 따라 운영되고 있다는 믿음을 가지고 있던 감리교, 장로교, 침례교 등 대부분의 교회와 기독교인들은 별도의 학교를 설립하여 기독교 교육을 실시할 필요를 느끼지 못하였다. 적어도 공립학교에서의 성경 읽기와 기도가 위헌이라는 판결이 내려진 1960년대 초반까지는 그랬다. 1960년대 중반 이후 공립학교에 대한 불신과 함께 많은 교회들이 독립적인 학교를 세워 자녀들을 기독교적 가치에 따라 교육시키기 시작하였다. 미국의 공교육의 역사 속에서 기독교적 가치와 교리를 전수하고 발전시키기 위한 기독교 교육은 사립학교에 의존할 수밖에 없었고, 이러한 과정에서 교회는 핵심적인 역할을 수행해왔다.

여기에서는 기독교학교를 설립, 운영할 때 교회가 학교를 어떤 방식으로 지원하고 후원할 수 있는가에 대하여 강영택(2013)의 연구 결과를 중심으로 논의하고자 한다. 강영택(2013)은 미국의 기독교학교와 교회가 관련을 맺는 방식을 기준으로 세 가지 유형으로 구분하였다.

첫째, 루터교 학교처럼 교단의 강력한 후원 아래 교구 학교의 특성을

---

4 이와 관련하려 우리나라의 교육기본법 제6조 2항도 "국가 및 지방자치단체가 설립한 학교에서는 특정한 종교를 위한 종교교육을 하여서는 아니된다"라고 규정하고 있다.

띠고 있는 기독교학교이다. 한 교회 또는 인근 몇 교회가 하나의 기독교 학교를 운영하고 있는데, 루터 교단은 초기부터 자체적으로 교사양성 대학을 운영하여 교사를 배출하고, 출판사를 통하여 교재를 개발, 공급해 오고 있으며, 교인 자녀들에게는 상당 부분 학비를 감면해 주기도 한다. 예컨대 1847년 창립된 미주리 루터교단의 경우 헌법에 교인들로 하여금 기독교 교육을 받도록 하는 한편, 학교에 대한 행·재정적 지원에 대하여 명시해 놓고 있다(Diefenthaler, 1984).

둘째, 개혁주의 교회 즉 칼빈파 교회의 학교처럼 교단과 지역교회가 기독교학교의 설립과 운영을 지원하되, 실질적으로 학교의 운영은 교회가 아니라 학부모들이 담당하는 유형이다. 개혁주의 기독교학교는 교단 차원에서 교사양성대학을 운영하고 교회가 학교를 지원하기도 하지만 개입하지 않는 특성을 지니고 있다. 학교의 자율성과 전문성을 인정하고 교회가 이를 위한 지원은 하지만 교회와의 관계는 느슨한 형태를 띠고 있다. 이러한 배경에는 "학교는 국가나 교회가 아닌 학부모 중심의 시민들에 의해 운영되는 것이 바람직하다"는 영역주권론과 "자녀에 대한 교육은 일차적으로 부모에게 있다"는 언약 사상이 있다(Oppewal & DeBoer, 1984).

셋째, 보수적인 근본주의 기독교학교처럼 교단과 상관없이 개별 교회가 직접 학교를 설립, 운영하고 교회가 직접 운영에 참여하는 유형이다. 교회의 목회자가 교장을 맡고 있는 경우가 많으며, 교회의 장로 등 지도자들이 학교의 중요한 의사결정을 하고 교육과정과 교수-학습활동에도 개입한다. 이러한 기독교학교는 대개 교회 부설로 운영되기 때문에 학교 건물도 교회 건물을 사용하거나 교회와 붙어 있는 경우가 대부분이며, 그 규모도 대체로 작은 경우가 많다. 그러나 교회로부터 재정 지원은 그리 많지 않아 등록금 의존도가 높은 편이다. 1960년대 중반 이후 우후죽순처럼 생겨난 이들 학교들은 예수 그리스도와 성경을 교과과정의 핵심에 두고 학생들에게 기독교 정신을 함양하고자 하고 있으며, 오늘날 미국 기독교학교의 주류를 형성하고 있다(Carper, 1984).

끝으로 일부이기는 하나 교단이나 교회의 공식적인 연계나 후원 없이 개인이나 단체가 설립한 학교로서 건학 이념으로 기독교를 표방하고 있는 사립학교가 있다.

이렇듯 미국의 기독교학교는 역사적 맥락에 따라 각각 다른 방식으로 교단과 교회와 관련을 맺으며 독특한 특성을 유지하며 발달해 왔다. 따라서 교회와 기독교학교의 관련성에 비추어 어떤 유형이 가장 바람직하다고 말하기가 쉽지 않다. 우리나라의 기독교학교의 경우 교회와 어떤 관련을 맺는 것이 바람직한가에 대한 답변은 학교가 처해 있는 상황에 따라 달라질 수밖에 없을 것이다.

3. 기독교학교의 정체성 문제

교육적 측면에서 기독교학교의 존재 의의는 주로 학업 성취와 인격 변화의 측면에서 논의된다. 이는 기독교 교육을 받은 학생들이 학업 성취와 인격 변화의 측면에서 다른 일반 학교 학생들과 비교해 볼 때 어떤 결과를 가져오고 있는지의 문제와 직결되어 있으며, 궁극적으로는 기독교학교의 정체성 문제와 맞닿아 있다.

보레마(Boerema, 2011)는 미국 내 가장 큰 기독교학교 단체인 ACSI와 CSI에 속해 있는 28명의 교육자들을 대상으로 조사한 결과, 기독교학교가 당면하고 있는 중요한 문제를 일반적 영역, 사립학교 문제 그리고 사명과 실천의 연계로 구분하여 정리하였다. 이들이 제기한 일반적 영역에서 중요한 문제들은 리더십, 교육공학 기술 활용, 전문적 성장, 평가와 책무성, 학교의 구조, 교수-학습이론, 교과과정 등이었다. 둘째, 사립학교로서 기독교학교가 당면하고 있는 문제로서 학교와 지역사회의 관계, 학교와 정부의 관계 그리고 학교 간 비교(공립학교와 비교, 다른 종교학교와 비교 등) 등을 지적하였다. 끝으로 기독교학교가 표방하고 있는 목표가 실천으로 연결되고 있는지가 심각한 문제로 제기되었다. 연구에 참여한 인사들은 기독교학교가 더 넓은 사회 속에서 '게토화' 경향을 보이고 있다고 하면서 기독교학교 출신 학생들이 재학 중 그리고 졸업 후에 어떻게 하면 성경적 가치관에 따라 살도록 할 것인지에 대해 심각하게 고려해야 한다고 하였다. 앞의 두 영역이 주로 학업 성취와 관련된 문제라면 뒤의 것은 인격 변화의 문제와 관련이 있다. 어쨌든 이러한 측면에서 기독교학교가 설립 목표를 달성하지 못하고 있다면 기독교학교는 그 존재 이유를 묻는 정체성 문제로부터 자유롭지 못할 것이다.

기독교학교들의 인격교육의 효과에 대한 여러 메타 분석 연구를 종합한 알제라(Algera)와 싱크(Sink, 2002)는 미국과 영국의 기독교학교에서 이루어지고 있는 인격교육은 기대만큼 효과를 거두지 못하고 있다고 결론을 내리고 있다. 그 이유로서 이들은 학생들이 인격 변화를 위한 활동에 적극적으로 참여하지 않고 있기 때문이라고 하면서, 의미 있는 예배, 기독교 가치를 실천하도록 하는 교과과정과 교수-학습 방법, 부모의 적극적 참여, 학생들이 닮고 싶은 역할 모델의 형성 등을 통하여 학교 공동체 전체가 인격 도덕 교육에 좀 더 관심을 가지고 헌신할 필요가 있다고 하였다.

그러나 기독교 교육이 나름대로 효과가 있다는 연구 결과를 보이고 있는 논문도 있기는 하다. 예컨대 제니스(Jeynes, 2009)는 7학년부터 12학년까지 재학하고 있는 기독교학교와 공립학교 학생 각각 160명을 대상으로 실시한 연구 결과, 양쪽 모두 성경적 문해가 높을수록 학교성적이 높다는 것을 밝혀냈다. 그리고 학생들의 품행 면에서 기독교학교 학생이 일반학교 학생보다 더 훌륭한 것으로 드러났는데, 이는 학업 성취 면에서 기독교학교와 일반학교 간 차이에 대해서는 말해 주지 못하지만, 학교 유형과 상관없이 적어도 기독교를 믿고 있는 학생이 그렇지 않은 학생보다 학업 성적이 좋다는 것을 보여 준다. 아울러 인격 변화의 측면에서 기독교학교 학생이 일반학교 학생보다 더 좋다는 것은 기독교학교의 효과가 어느 정도 있음을 보여 주는 것이다.

그럼에도 2011-12년도에 사립학교 고등학교 졸업반에 재학 중인 학생이 2012년도 가을 학기에 4년제 대학에 입학한 비율이 전체적으로 64.2%인데, 보수적 기독교학교 출신은 60.3%로서 평균에 미달하고 있는 것을 보면 학업 성취 면에서 기독교학교가 성공하고 있다고 보기는 어렵다. 참고로 가톨릭학교 졸업생은 85.7%가 4년제 대학에 진학하였다(U. S. Department of Education, 2014).

문화적으로 종교적으로 다원화되고 있는 사회에서 기독교학교의 존재를 어떻게 정당화할 것인가에 대한 질문을 통하여 기독교학교의 정체성 문제를 심도 있게 연구한 드월프(DeWolfe)와 미에데마(Miedema, 2002)는 일차원적 접근과 다차원적 접근으로 구분하여 정체성 문제를 논의하고 있다. 일차원적 접근에 따르면 기독교학교는 기독교의 전통과 가치의 전수라는 오직 하나의 종교적 특성에 따라 정의된다. 이 접근을 지지하는 학자들은 기독교학교는 모든 교과과정과 학교생활이 기독교적 헌신에 초점을 맞추어야 하고, 학생들이 기독교 신자가 되어 진정한 기독교적 가치관에 따라 삶을 살아가도록 하는 데 목적이 있다고 본다.

반면에 다차원적 접근에 따르면 기독교학교는 종교적 차원으로만 구분되는 것이 아니라 상호 관련되어 있는 일련의 요소들, 즉 종교적 차원, 조직적 차원, 인격적 차원, 교육적 차원 등에 의해 정의된다. 다차원적 접근을 지지하는 연구자들은 기독교학교의 목적이 종교적 논의에서 상대적으로 자율성을 지닐 수 있으며, 기독교적 가치관은 교과과정, 수업, 학교생활 등 학교교육의 통합적 일부로 스며드는 것이 바람직하다고 본다. 이들이 볼 때 중요한 것은, 교사와 학생 사이의 인격적 관계에서 오는 신뢰, 민주적인 학교생활과 조직 운영, 개인의 특성을 존중하는 교수-학습과정, 학교 구성원의 전문적 발달을 중시하는 조직 풍토, 학부모와 지역사회와의 파트너십 등이다. 이들은 이러한 것들이 충족되지 않은 상태에서 종교적인 요소만 강조될 때 과연 교육적 효과가 있을 것인가 질문한다. 물론 다차원적 접근을 취하는 경우에도 기독교적 전통과 가치에 관해서 가르치기도 하고, 그 안에 들어가 내면화하도록 하는 교육을 생략하자는 것은 아니다. 다차원적 접근의 경우에는 소위 잠재적 교육과정(latent curriculum)[5]이 공식적 교육과정보다 학생들에게 미치는 영향이 더 크고 길 것이라는 점을 고려하고 있고, 궁극적으로 기독교학교의 문화가 달라져야 할 것을 지적하고 있다고 할 수 있다.

미국과 네덜란드 기독교학교의 사명문(mission statement)을 내용 분석 기법을 통하여 비교한 잔드스트라(Zandstra, 2012)의 연구 결과를 여기에 적용해 보면, 네덜란드의 기독교학교들은 대체로 다차원적 접근을 취하고 있

5 잠재적 교육과정이란 학교가 공식적으로 의도하지 않았지만 학생들이 학교의 실천적인 교육의 과정에 참여하는 동안 얻게 되는 경험을 가리킨다. 예컨대 학생들은 학교생활을 통하여 집단의 규칙에 대해, 상벌 관계에 대해, 권력관계에 대해 배우기도 하고, 부정적 또는 긍정적 자아개념이 형성되기도 한다. 이러한 잠재적 교육과정은 주로 학생들의 정의적 측면(affective domain)에 영향을 미치며 그 효과가 지속된다는 특징이 있다.

고, 미국의 보수적인 기독교학교들은 대체로 일차원적 접근을 취하고 있는 것으로 볼 수 있다. 일반적으로 사명문에는 학교가 강조하고 있는 핵심 가치, 목표, 철학, 비전 등을 담고 있어 학교의 정체성을 파악하는 데 유용한 것으로 알려져 있다. 그에 따르면 미국의 기독교학교의 사명문 안에는 하나님, 예수 그리스도, 성경, 경배, 기도, 영적, 사랑 등 기독교 용어가 많이 삽입되어 있는 반면에, 네덜란드 기독교학교의 사명문에는 존경, 자신감, 안전, 학문적 성장, 전인 등 일반적인 용어들이 많이 들어 있다. 이는 아마도 후자의 경우 사립이면서도 공적 재정 지원을 받고 있기 때문이기도 할 것이다.

그러나 일차원적 접근과 다차원적 접근 가운데 어떤 접근이 기독교학교 학생들의 학업 성취와 인격 변화에 더 효과적으로 영향을 미칠 것인지는 쉽게 답할 수 있는 문제가 아니다. 개별 학교가 놓여 있는 상황과 역사와 문화를 종합적으로 고려하여 선택하면 될 것이다. 어쨌든 이 문제는 경험적 검증을 통하여 확인되어야 할 문제이며, 우리나라의 기독교학교들도 이러한 정체성 논쟁으로부터 결코 자유롭지 않다고 할 수 있다.

4. 기독교학교 학생 수의 감소

앞의 [그림 3-1]에서 알 수 있듯이, 미국의 사립학교 학생 수는 지난 10여 년간 감소 추세를 보이고 있고, 기독교학교의 경우도 마찬가지로 학생 수가 줄어들고 있다. 이는 기본적으로 초등학교 등 학령인구가 감소하는 데 따른 것이기는 하지만, 이러한 인구학적 요인 이외에도 다음 몇 가지가 기독교학교에 다니는 학생의 숫자를 줄이는 데 기여하고 있는 것으로 보인다.

첫째, 미국 경제의 불황이 비교적 장기화 되면서 사립학교의 비싼 등록금이 부담되는 가정의 경우 자녀를 기독교학교에 보내고 싶어도 보낼 수 없는 경우가 늘고 있다(Lopez, 2009). 이러한 상황에서 적정 수의 학생을 모집하지 못하여 문을 닫는 기독교학교가 늘고 있는 게 사실이다. 미국 내 최대 기독교학교 연합인 ACSI에 소속되어 있는 학교 가운데 연평균 150개 정도가 문을 닫고 있는 것으로 알려져 있으며, 특히 캘리포니아, 플로리다, 뉴잉글랜드, 북부 중서부 지역이 가장 심각하다.

둘째, 기독교학교의 운영에 대한 교회의 관심 저하와 기독교학교의 정체성 약화도 기독교학교의 유지를 힘들게 하고 있는 요인 가운데 하나이다. 그럼에도 성경적 철학과 기독교적 가치관에 뿌리박고 있는 정체성이 분명한 일부 기독교학교들은 비교적 견고하게 서 있는 것을 알 수 있다. 또한 학생들의 등록금에만 의존하지 않는 기독교학교들, 예컨대 교단 차원에서 지원을 하고 있는 루터교 기독교학교들은 큰 영향을 받지 않고 있다. 심지어 루터교 학교들은 최근 미국 경제가 전체적으로 어려운 가운데에서도 학생들을 위한 기숙사를 건립하는 등 다른 기독교학교들과 대조를 보이고 있다(Lopez, 2009). 이러한 사태는 교회와 기독교 신자들로 하여금 기독교학교의 존재 이유에 대한 사회적 설득과 인정에 대하여 더 많은 관심과 노력이 필요하다는 것을 보여 준다.

셋째, 차터스쿨[6]에 참여하는 학생들이 증가하면서 기독교학교 학생 수

---

6 차터스쿨은 공적 재정이 지원되는 공립학교지만 그 운영에 있어서 각종 규제로부터 자유로운 독립학교이다. 차터스쿨은 교사집단 또는 다른 운영주체가 교육청과의 계약에 의해 자율적으로 학교를 설계, 운영하되, 일정 기간(3년 내지 5년) 운영에 대한 평가 결과에 따라 차터스쿨의 지위 존속 여부가 결정된다. 부모와 학생이 학교를 선택하며, 지원자가 넘치는 경우 대체로 추첨을 통하여 입학을 허가한다. 미국에서 양당의 지원을 받고 있는 몇 안되는 정책 가운데 하나인 차터스쿨 개혁은 시작된 이후 찬반 논쟁이 끊이지 않았다. 차터스쿨은 자율, 경쟁, 선택 그리고 책무성 등 시장 경제의 원리를 도입하여 공교육 체제에 활력을 불어넣고 경쟁력을 높여야 한다고 믿는 사람들의 지지를 받으면서 성장해 왔다(김재웅, 201; 송기창, 2007; Murphy & Shiffman, 2002).

가 줄어들고 있는 것으로 보인다. 차터스쿨은 1991년 미네소타 주에서 관련법이 통과된 후 1992년에 처음 시작된 이래, 차터스쿨을 허용하는 주가 계속 증가하여 2014년 현재 6,004개 학교에 228만 명 학생이 재학하고 있다. 이는 전체 공립학교의 각각 6.3%와 4.6%에 해당하는 숫자이다. 차터스쿨의 분포는 지역 간에 큰 편차를 보이고 있는데, 애리조나 주의 경우 534개 학교(24.5%)에 145만 명의 학생(13.3%)이, 캘리포니아 주의 경우 1,065개 학교(10.7%)에 47만 명의 학생(7.6%)이, 플로리다 주의 경우 578개 학교(14.5%)에 20만 6천 명의 학생(7.7%)이 각각 다니고 있다(National Alliance for Public Charter Schools, n.d.). 특히 이들 주에서 기독교학교 학생의 감소가 현저하다는 사실에 비추어 볼 때 그 수요를 상당 부분 차터스쿨이 흡수하고 있다고 유추해 볼 수 있다.

끝으로 미국 기독교학교의 위축에 영향을 미치고 있는 요인으로 홈스쿨링의 약진을 들 수 있다. 흥미 있는 사실은 일부 보수적인 기독교인들의 경우 기독교 사립학교가 대안이 되지 못한다고 생각하였다는 점이다. 공립학교에 대한 불만과 비판에 있어서는 기독교 사립학교를 선택한 사람들과 다르지 않으나, 이들은 다음과 같은 점에서 기독교 사립학교에 대해서 불만을 제기하고 홈스쿨링을 선택하였다(Gaither, 2008). 첫째, 일부 가정은 등록금이 너무 비싸 감당할 수가 없었다. 둘째, 일부 가정은 자기 지역의 기독교 사립학교가 내세우고 있는 신학에 동조할 수가 없었다. 셋째, 일부는 교장이나 교사들과 성격적으로 맞지 않았다. 넷째, 일부 가정, 특히 자녀가 특별한 필요를 지니고 있는 가정의 경우 기독교 사립학교가 자녀의 독특한 필요를 적절하게 충족시켜 주지 못한다고 생각하였다. 다섯째, 일부 가정은 성서가 자녀의 교육에 대한 책임을 온전히 부모에게 위임하고 있다고 믿었다. 끝으로 일부는 특히 어머니들이, 단순히 자녀와 더 많은 시간을 보내고 싶어 하였다. 이러한 이유들로 인하여 많은 기독교인들은 기독교 사립학교가 있음에도 홈스쿨링을 선택하기 시작하게 되었다. 최근들어 우리나라에서도 기독교 사립학교의 숫자가 감소하고 있는 것은 홈스쿨링을 선택하는 가정이 늘고 있다는 사실과 무관하지 않을 것으로 생각된다.

　기독교학교와 홈스쿨링은 공교육에 대한 저항과 기독교적 가치 기반이라는 공통점에도 최근 들어 이 둘은 다른 상황에 처해 있는 것으로 보인다. 미국 교육통계센터에서 발간한 보고서에 의하면 2011-12학년도에 홈스쿨링에 참여하고 있는 학생 수는 177만 명이다(Noel, Stark, & Redford, 2013). 이것은 1999년도의 85만 명, 2003년도의 110만 명에서 증가한 것으로 같은 기간 기독교학교 재학생 135만 명을 상회하는 수치이다. 기독교 홈스쿨러들이 기독교학교 대신 홈스쿨링을 선택하고 있는 것은 사립학교의 비싼 등록금 때문이기도 하겠지만 다음과 같은 이유로 교육적 측면에서 홈스쿨링의 장점 때문이기도 할 것이다(김재웅, 2009; Meighan, 1997; Rivero, 2008). 첫째, 홈스쿨링은 아이의 관심과 능력을 최대한 고려하여 과목과 교재 그리고 진도를 정할 수가 있다. 둘째, 홈스쿨링에 참여하는 아이들은 비적개적(non-hostile) 학습 분위기 속에서 지적 호기심과 질문을 마음껏 표현할 수 있다. 획일적으로 수업을 전개해 나가야 하는 학교의 집단적 상황은 때때로 경쟁이 심하여 공부 자체가 주는 내재적 기쁨을 소홀히 하기가 쉽고, 하고 싶은 질문을 마음껏 하기가 쉽지 않다. 셋째, 홈스쿨링에서는 학습자가 자기 공부를 자기주도적으로 끌고 갈 수 있다. 끝으로 홈스쿨링은 아이의 특별한 필요(예: 주의결핍증, 영재성, 자폐)를 효율적으로 고려할 수 있다.

V. 나가는 말 : 한국 기독교학교에 주는 시사점

미국의 기독교학교와 우리나라의 기독교학교는 태생 배경, 발전 과정, 당면 과제 등에 있어서 결코 같다고 할 수 없다. 양국의 기독교학교는 정치사회적 맥락과 종교적 맥락이 다른 가운데 각각 형성, 발전되어 왔기 때문이다. 그럼에도 우리나라의 기독교가 미국의 선교사로부터 전래되고, 초기 기독교학교들이 미국 선교사들에 의해 설립되었다는 점과 이후 우리나라의 전반적인 교육제도의 성립과 발달과정에서 미국의 영향이 지대하였음을 고려할 때, 미국 기독교학교의 경험으로부터 배울 점이 있을 것이다. 위에서 살펴본 미국의 기독교학교의 발전과정, 현황 그리고 최근 쟁점 등은 우리나라의 기독교학교의 미래와 관련하여 다음과 같은 시사점을 준다.

첫째, 한국 사회에서 기독교학교가 차지하고 있는 위상과 국가사회 발전에 기여한 점에 대한 체계적인 연구를 수행할 필요가 있다. 미국의 기독교학교의 경우, 반대의견이 없었던 것은 아니지만, 미국화 내지는 정치사회화 과정에서 긍정적인 역할을 수행하였다는 연구 결과를 통하여 사회적으로 그 필요성을 인정받아 왔다. 우리나라의 경우 기독교학교 초기에는 분명 사회적으로 꼭 필요한 기능을 수행하였고, 우수한 인재 배출을 통하여 국가 발전에 기여한 바가 인정이 되고 있다. 과연 오늘날은 어떠한지 구체적인 증거를 보여 줄 경험적 연구가 필요하다.

둘째, 교단과 교회가 기독교학교에 대하여 더 큰 관심을 보일 필요가 있다. 미국의 기독교학교는 교단 차원에서 설립, 운영하기도 하고, 개별 교회가 설립, 운영하기도 하면서 지원을 아끼지 않고 있다. 경제 불황 속에서 일부 기독교학교가 문을 닫고 있지만 교단과 교회의 지원이 튼튼한 학교는 견고하게 서 있다는 사실은 우리에게 많은 시사점을 준다.

셋째, 기독교학교의 정체성에 대하여 교회와 기독교학교 리더십은 더 많은 고민과 성찰을 할 필요가 있다. 가치가 다원화되고 있는 사회에서 기독교학교의 존재 의미가 무엇인지 보여 주지 못한다면 앞으로 아무도 기독교학교를 찾지 않게 될지도 모른다. 구체적으로, 학업 성취와 인성발달 측면에서 기독교학교는 일반 학교에 비해 우위를 보이고 있는지 확인할 필요가 있다. 미국 기독교학교의 사례는 기독교학교의 정체성이 형식적인 예배와 성경공부만으로는 부족하다는 것을 보여 준다.

끝으로 미국의 경우와 마찬가지로 우리나라도 학령인구가 지속적으로 감소하는 데에서 오는 문제와 함께 혁신학교, 홈스쿨링 등 기독교학교의 수요를 잠식할 수 있는 가능성에 대하여 면밀하게 검토하여야 할 것이다. 미국은 지난 10여 년 간 기독교학교 학생 수가 감소하고 있다. 이는 학령인구의 감소 때문이기도 하지만, 많은 기독교 가정이 기독교학교 대신 차터스쿨이나 홈스쿨링을 선택하고 있기 때문이기도 하다. 우리나라의 경우도 기독교학교가 혁신학교나 홈스쿨링보다 더 매력이 있는 기관으로 자리매김하는 데 실패하다면, 기독교학교는 멀지 않은 장래에 위기에 직면하게 될 지도 모른다.

참고 문헌

강영택(2013). "기독교학교와 교회의 관계에 대한 고찰: 미국의 기독교학
   교를 중심으로". 기독교 교육논총, 33, 31-65.

강영택(2014). "미국 공교육의 전개와 기독교의 역할". 「기독교 교육논총」,
   37, 167-198.

강준만(2010). 『미국사 산책 1: 신대륙 이주와 독립전쟁』. 서울: 인물과 사
   상사.

김재웅(2009). 『홈스쿨링의 정치학』. 서울: 민들레.

김재웅(2013). 『미국 공교육의 역사 새로 보기』. 파주: 교육과학사.

손희권(1998). "국교설립 금지조항에 비추어 본 미국교육에서의 정치와 종
   교의 관계". 「교육정치학 연구」, 5(2), 151-174.

송기창(2007). "학교선택제의 이상과 실상: 국재 적용 가능성 탐색을 위한
   미국의 학교선택제 분석". 「교육행정학연구」, 25(3), 151-176.

한일조(1993). "Cubberley 교육사학의 배경과 기본 주제". 「교육철학」, 11,
   261-296.

Alexander, K. & Alexander, M. D. (2009). *American public school laws*(7th
   ed.). Belmont, CA: Wadworth.

Algera, H. F. & Sink, A. (2002). Another look at character education in
   Christian schools. *Journal of Research on Christian Education*,
   11(2), 161-181.

Apple, M. W. (2000). The cultural politics of home schooling. *Peabody*

Journal of Education, 75(1 & 2), 256-271.

Bivins, J. (2003). *The fracture of good order: Christian antiliberalism and the challenge to American politics.* Chapel Hills, NC: University of North Carolina Press.

Boerema, A. J. (2011). A research agenda foe Christian schools. *Journal of Research on Christian Education*, 20, 28-45.

Carper, J. C. (1984). The Christian day school. In J. C. Carper & T. C. Hunt (Eds.), *Religious schooling in America* (pp. 110-129). Birmingham, AL: Religious Education Press.

Carper, J. & Layman, J. (1995). Independent Christian day schools: Past, present, and prognosis. *Journal of Research on Christian Education*, 5(2), 157-178.

Carper, J. C. & Hunt, T. C. (1984). *Religious schooling in America.* Birmingham, AL: Religious Education Press.

Carper, J. C. & Hunt, T. C. (2007). *The dissenting tradition in American education.* New York: Peter Lang.

Cooper, B. & Gargan, A. (1996). Private, religious schooling in the United States: Emerging trends and issues. *Journal of Research on Christian Education*, 5(2), 157-178.

Cubberley, E. P. (1947). *Public education in the United States: A study and interpretation of American educational history* (revised and enlarged). Boston, MA: Houghton Mifflin.

DeWolfe, A. & Miedema, S. (2002). Identity of Christian schools: Conceptions and practical significance. *Educational Review*,

54(3), 239-247.

Diefenthaler, J. (1984). Lutheran schools in America. In J. C. Carper & T. C. Hunt (Eds.), *Religious schooling in America* (pp. 35-57). Birmingham, AL: Religious Education Press.

Franciosi, R. J. (2004). *The rise and fall of American public schools: The political economy of public education in the twentieth century.* Westport, CT: Praeger.

Gaither, M. (2008). *Homeschool: An American history.* New York: Palgrave MacMillan.

Hagan, W. T. (1961). *American Indian.* Chicago, IL: The University of Chicago Press.

Hale, L. (2002). *Native American education: A reference handbook.* Santa Barbara, CA: ABC-CLIO.

Hansen, K. H.(1956). *Public education in American society.* Englewood Cliffs, N. J.: Prentice- Hall.

Jackson, C. L. (2001). *African American education: A reference handbook.* Santa Barbara, CA: ABC-CLIO.

Jeynes, W. H. (2009). The relationship between biblical literacy, academic achievement, and school behavior among Christian- and public-school students. *Journal of Research on Christian Education*, 18(1), 36-55.

Jones, S. L. (2008). *Religious schooling in America: Private education and public life.* Westport, CT: Praeger.

Kaestle, C. F. (1983). *Pillars of the republic: Common schools and American society, 1780- 1860.* New York: Hill and Wang.

Karier, C. J. (1986). *The individual, society, and education: A history of American educational ideas* (2nd ed.). Urbana & Chicago: University of Illinois Press.

Katz, M. B. (1976). *A history of compulsory education laws.* Bloomington, IN: The Phi Delta Kappa Educational Foundation

Kienel, P. A. (2005). *A history of Christian school education.* Colorado Springs, CO: Purposeful design.

Krug, E. (1964). *The shaping of American high school, Vol. 1.* New York: Harper & Row.

Litz, C. E. (1975). Horace Mann and the sectarian controversy. *Education*, 95(3), 280-285.

Lopez, C. L. (2009). Schools's out forever: Recession shuts doors of Christian schools nationwide as enrollments drop. *Christianity Today*, 53(8), 13.

Morgan, H. (1995). *Historical perspectives in the education of black children.* Westport, CT: Praeger.

Murphy, J. & Shiffman, C. D. (2002). *Understanding and assessing charter school movement.* New York: Teachers College Press.

National Alliance for Public Charter Schools. (n.d.). The public charter schools dashboard. Retrieved October 9, 2014 from http:// dashboard.publiccharters.org/dashboard/home.

Noel, A., Stark, P., & Redford, J. (2013). *Parent and Family Involvement in Education, from the National Household Education Surveys*

Program of 2012. American Institutes for Research, National Center for Educational Statistics.

Oppewal, D. & DeBoer, P. P. (1984). Calvinist day schools: Roots and branches. In J. C. Carper & T. C. Hunt (Eds.), *Religious schooling in America* (pp. 58-84). Birmingham, AL: Religious Education Press.

Planty, M. Hussar, W., Snyder, T., Kena, G., KewalRamani, A., Kemp, J., Bianco, K., & Dinkes, R. (2009). *The condition of education 2009* (NCES 2009-081). National Center for Education Statistics, Institute of Education Science. U.S. Department of Education. Washington, D.C.

Pulliam, J. D. & Van Patten, J. J. (1999). *History of education in America* (7th ed.). Upper Saddle River, NJ: Prentice-Hall.

Reese, W. J. (1995). *The origins of the American high school*. New Haven, CT: Yale University Press.

Reyhner, J. & Eder, J. (2004). *American Indian education: A history*. Norman, OK: The University of Oklahoma Press.

Richardson, S. N. & Zirkel, P. A. (1991). Home schooling law. In J. V. Galen & M. A. Pitnam (Eds.), *Home schooling: Political, historical, and pedagogical perspectives* (pp. 159-210). Norwood, NJ: Ablex.

Rose, S. D. (1988). *Keeping them out of the hands of Satan: Evangelical schooling in America*. New York: Routledge.

Szasz, M. C. (1988). *Indian education in the American colonies, 1607-1783*. Albuquerque, NM: The University of New Mexico Press.

Szasz, M. C. (1999). *Education and the American Indian: The road to self-determination since 1928* (3rd ed.). Albuquerque, NM: The University of New Mexico Press.

Spring, J. (1986). *The American school: 1642-1985*. New York: Longman.

Spring, J. (2007). *Deculturalization and the struggle for equality: A brief history of the education of dominated cultures in the Unites States*. New York: McGraw-Hill.

Spring, J. (2008). *The American school: From the Puritans to No Child Left Behind* (7th ed.). New York: MaGraw-Hill.

Trafzer, C. E. (2000). *As long as the grass shall grow and rivers flow: A history of Native Americans*. Orlando, FL: Harcourt.

Urban, W. J. & Wagoner, J. L. (2009). *American education: A history* (4th ed.). New York: McGraw-Hill.

U.S. Department of Education, National Center for Education Statistic(2014). *Private School Universe Survey* (PSS), 2011-12.

Wall, S. (1993). *Wisdom's daughters: Conversations with women elders of Native America*. New York: HarperCollins.

Zandstra, A. M. (2012). Mission statements of Christian elementary schools in the U.S. and the Netherlands. *Journal of Research on Christian Education*, 21, 116-131.

4장

미래 사회가 요구하는 핵심 역량과
기독교학교의 과제[1]

강영택 교수
우석대학교, 교육학

I. 들어가는 말

오늘날 기독교학교는 여러 측면에서 심각한 도전을 받고 있다. 먼저 신앙교육을 설립 이념으로 삼는 기독교학교로서의 정체성에 대한 도전이다. 현재 법적·제도적인 측면에서 기독교학교가 신앙교육을 하는데 제약이 많다는 점을 감안하더라도 기독교학교의 정체성이 분명하지 않다는

---

1 본 글은 2014년 11월 29일 기독교학교교육연구소에서 "기독교학교의 미래 전망"을 주제로 개최한 학술대회에서 발표한 뒤, 이를 수정·보완하여 「신앙과 학문」 20(1)(2015.03)에 게재한 것을, 최종적으로 다듬어 이 책에 수록하게 되었음을 밝힌다.

비판은 가능하다. 이와 더불어 매우 심각한 도전 가운데 하나가 입시 위주의 지식교육으로 인한 교육적 기능에 대한 도전이다.

학생들이 장차 살아갈 미래 사회에서 필요한 능력을 교육하는 것이 학교교육의 목적이라 할 때 과연 기독교학교를 비롯한 우리나라의 대다수 학교들이 그 역할을 제대로 감당하고 있는지에 대해 비판을 피할 수가 없다. 수년전부터 기독교학교의 실태에 대한 반성이 지속적으로 일어나고 있고, 기독교학교의 정체성 회복을 위한 논의가 꾸준히 이루어지고 있다. 그러나 이러한 반성적 논의가 기독교학교의 신앙적 정체성에 주로 초점을 두고 있지 기독교학교가 갖는 교육적 기능에 대한 성찰은 부족한 것이 사실이다. 사회가 기대하고 요구하는 교육을 학교가 제공하지 못할 때 학교의 지속가능성은 담보 받을 수가 없다. 학령기 인구가 감소하는 오늘의 인구통계적 상황은 기독교학교의 미래 상황에 불리하게 작용할 것이다. 그러므로 현 시점에서 학교에 대한 사회적 기대를 감안한 기독교학교교육에 대한 새로운 방향 모색은 기독교학교의 미래를 위해 반드시 필요한 작업이 될 것이다.

오늘날 기독교학교의 교육적 방향을 새롭게 모색하는 데 있어 도움을 주는 것이 역량 기반 교육에 대한 논의이다. 지식기반사회라는 현대사회의 특징을 감안하여 지식 중심의 전통적 교육에 대한 반성으로 제기된 역량 중심의 교육은 2000년대 들어 전 세계적으로 많은 관심을 받고 있다. 역량 기반 교육은 호주, 뉴질랜드, 캐나다, 독일 등 세계의 여러 나라에서 시도하고 있는 교육개혁의 새로운 기준이 되고 있다. 우리나라에서도 2000년대 이후 여러 학자들이 관심을 가질 뿐 아니라 정부 역시 관심을 갖고 있고 국책연구기관인 한국교육과정평가원에서는 집중적으로 역량 기반 교육에 대한 연구를 실시하고 있다(윤현진 외, 2007; 이광우 외, 2008; 이광우 외, 2009; 이근호 외, 2012; 이근호 외, 2013a; 이근호 외, 2013b; 이인제, 2013).

　미래 사회에서 요구되는 필요한 능력을 구비시키는 것을 주요 교육목표로 삼는 역량 기반 교육은 기독교학교에서도 적극적으로 수용될 수 있는 교육이다. 다만 역량 기반 교육에서 말하는 역량이 일반적으로 지식의 활용능력으로 이해된다는 점을 감안하면 기독교학교가 목표로 하는 역량은 보다 가치 지향적일 수 있다는 점에서 차이를 생각할 수 있다. 그러므로 본 논문에서는 기독교 교육의 특성을 고려한 기독교적 역량 기반 교육을 탐색하고자 한다. 이를 위해 먼저 역량 기반 교육의 국내외 실천 사례들을 분석하여 기독교학교에서의 적용 방안을 위한 시사점을 찾아보고자 한다. 다음으로 역량 기반 교육에 대한 기독교적 이해를 위해 기독교학자들의 기독교 교육에 대한 논의와 역량 기반 교육을 비교 검토하여 기독교학교가 추구하는 기독교적 역량이 무엇인지 알아보고자 한다. 이러한 논의들을 기반으로 기독교학교에서 실시할 수 있는 역량 기반 교육의 구체적 방안을 제시할 것이다. 기독교학교에서의 역량 기반 교육에 대한 논의가 기독교학교가 우리 사회의 건강한 성장에 필요한 실천적인 인재를 양성하는 데 기여하고, 이를 통해 과거 기독교학교가 우리 사회에서 보여 주었던 높은 사회적 책무성을 다시 회복하게 되는 길이 될 수 있기를 기대한다.

II. 역량 기반 교육에 대한 선행 연구

1. 역량의 개념

역량이라는 개념은 1970년대 초 사회심리학자인 맥크럴랜드(McClelland)

에 의해 처음 소개되었다. 그는 전통적으로 중요하게 여겨졌던 학문적인 적성이나 지식내용을 평가한 시험이 직업수행이나 성공적인 삶을 예측하지 못한다고 보았다. 그래서 그는 지능 대신 역량에 대한 평가가 직업수행을 더 잘 예언할 수 있을 뿐 아니라 인종이나 성 혹은 사회경제적 요인의 영향을 받지 않는다는 면에서 역량의 중요성을 주장하였다(소경희, 2007). 스펜서(Spencer)와 스펜서(Spencer, 1993)는 역량을 '어떤 직무나 상황에서 준거에 따른 효과적이고 뛰어난 수행과 인과적으로 관련되어 있는 개인의 내적인 특성'이라고 정의 내렸다(이효성·이용환, 2011에서 재인용). 그러면서 그들은 역량에는 동기, 특질, 자아 개념, 지식, 기술과 같은 다섯 가지의 유형이 있다고 했다. 지식, 기술과 같은 표면적으로 나타나는 인지적 역량뿐 아니라 동기, 특질, 자아 개념 같은 심층적인 비인지적 역량 또한 중요하게 관심을 가져야 한다고 주장했다.

역량의 개념은 주로 직업이나 직무와 관련하여 사용되었는데 OECD의 "역량의 정의 및 선택(DeSeCo: Definition and Selection of Competencies)" 프로젝트에 의해 역량의 개념이 직업의 범주를 뛰어넘어 일반적인 삶의 질과 관련하여 사용되었다. OECD의 프로젝트에 따르면 역량은 특정 상황의 복잡한 요구를 지식과 인지적 실천적 기술 뿐 아니라 태도·감정·가치·동기 등과 같은 사회적·행동적 요소를 활용함으로써 성공적으로 수행하는 능력이라고 한다(OECD, 2003). OECD는 학교교육이 전통적인 학력관으로부터 이러한 역량을 강화하는 방향으로 변화해야 한다고 주장했다.

그런데 학교교육에서 강조되어야 하는 역량의 개념이 기존의 교과교육에서의 교과와 전적으로 대립된다고 보기는 어렵다. 교과가 '무엇을 아느냐'에 관심을 둔다면 역량은 특정 맥락의 수행과 관련하여 '무엇을 할 수 있느냐'에 관심을 둔다는 점에서 이 둘의 관심 분야가 다른 것은 사실

이다. 그러나 역량을 학교교육에서 강조하자는 것은 지금까지 중시되어
왔던 교과(내용)를 대체하자는 것이 아니다. 교과내용을 사회적 삶에서 필
요한 역량을 강화하는 방향으로 제공해야 한다는 것이다. 즉 학교교육에
는 역량을 강화하는 교과내용이 필요한데 교과 내용에는 사회에서 필요
로 하는 기술과 태도 뿐 아니라 기존의 교과적 지식도 포함된다는 면에서
역량과 교과는 상호 대체적이지 않다고 할 수 있다(소경희, 2007).

2. 미래 사회가 요구하는 핵심 역량

미래 사회가 요구하는 역량에 대한 논의는 OECD가 주도하였다.
OECD는 전통적인 학력관과는 차별화되는 미래 사회에 필요한 (핵심)역량
의 내용에 대해 여러 나라와 각계의 합의를 도출하기 위해 1997년 스위스
연방통계국의 주도 하에 PISA와 연계하여 "역량의 정의 및 선택(DeSeCo:
Definition and Selection of Competencies)" 프로젝트를 시작하였다. 이 프로젝트
는 5년간에 걸쳐 실시되었고, 2003년 최종 보고서를 발간하였다. OECD
는 미래 사회에 필요한 핵심 역량을 도출하기 위해 인류학, 경제학, 철학,
심리학, 사회학 등 여러 분야의 학자들에게 이론적 검토를 주문하였고,
핵심 역량과 교육지표에 대한 12개국의 보고서를 검토한 뒤 교육, 통상,
노동, 보건 전문가와 OECD 가맹국 대표, 유네스코, 세계은행(World Bank),
국제노동기구(ILO), 유엔개발계획(UNDP)의 대표들이 한자리에 모여 토의
를 거친 뒤 최종보고서를 탄생시켰다(후쿠타 세이지, 2006).

그 보고서에는 역량을 "지식과 기술 이상의 것으로 특정한 상황 속에서 기
술과 태도를 포함하여 심리·사회적 자원들을 활용하여 복잡한 요구에 부응
할 수 있는 능력"을 일컫는다고 설명한다(OECD, 2003: 4). 그 보고서에 따르면

핵심 역량을 세 가지로 제시하는데 첫째, 도구를 상호 교류적으로 사용하는 능력, 둘째, 이질 집단에서 상호작용하는 능력, 셋째, 자율적으로 행동하는 능력 등이다. 이 세 가지 핵심 역량과 세부 역량들은 다음 〈표 4-1〉과 같다.

〈표 4-1〉 OECD 보고서에 나타난 핵심 역량과 세부 역량

핵심 역량	세부 역량
도구를 상호 교류적으로 사용하는 능력	1. 언어와 기호, 텍스트를 상호 교류적으로 사용한다. 2. 지식과 정보를 상호 교류적으로 사용한다. 3. 기술을 상호 교류적으로 사용한다.
이질 집단에서 상호작용하는 능력	1. 타인과 관계를 잘 맺는다. 2. 팀에서 협력하여 일을 한다. 3. 갈등을 관리하고 해결한다.
자율적으로 행동하는 능력	1. 큰 그림 안에서 행동한다. 2. 인생 설계와 개인적 계획을 세워서 실행한다. 3. 권리, 이해, 한계, 필요를 지키고 주장한다.

DeSeCo의 보고서는 세 가지 핵심 역량을 유지하는 결정적인 능력으로 성찰(reflectiveness)이 있다고 한다. 성찰은 반성적인 사고와 실천이다. 반성적으로 사고한다는 것은 자신을 사고의 대상으로 보는 사고과정의 주체가 되는 것을 의미한다. 성찰을 통해 자신의 사고와 행동을 계획할 수 있고 사회적 맥락 안에서 의의를 찾고 평가하고 조정할 수 있게 된다. 성찰은 양자택일의 선택을 초월하여 모순되고 양립할 수 없는 것처럼 보이는 것들을 통합하게 함으로 다양하고 복잡한 긴장들을 적절하게 다루는 능력을 갖게 한다(OECD, 2003: 8-9).

우리나라에서도 미래 핵심 역량에 대한 논의가 있었다. 대표적으로 이근호 외(2013b)는 핵심 역량에 관한 국내의 대표적인 선행 연구들에서 제시

되었던 역량들을 대상으로 교육과정 전문가들이 참여한 델파이조사를 실
시하였다. 그 결과 일곱 가지의 핵심 역량들을 도출하였고 이 역량들을 세
가지 범주에 따라 제시하였다. 먼저 개인적 역량에는 자기 관리 능력이 있
고, 사회적 역량에는 의사소통 능력, 시민 의식, 대인 관계 능력 등이 있다
고 하였다. 그리고 개인적 역량과 사회적 역량 외에 지적 역량이 있는데,
이에는 문제해결력, 정보처리 및 활용 능력, 창의적 사고력 등이 포함된다
고 하였다.

　우리나라의 교육행정기관에서도 역량 기반 교육에 대해 관심을 갖고
미래 핵심 역량을 강화시키는 방안을 모색하고 있다. 한 예로 광주광역시
교육청(2013)에서는 기존의 연구물과 사례조사들을 검토하고 광주시교육
청의 교육목표를 바탕으로 아홉 가지의 핵심 역량을 제시하였다. 창의성,
비판적 사고 능력, 문제해결력, 정보 활용 능력, 자기주도적 학습력, 기초
학습능력 등은 지적 역량으로 범주화하였고, 생태 인문학적 감수성, 소통
능력, 시민 의식은 인성 역량으로 분류하여 제시하였다. 이 중 비판적 사
고 능력, 생태 인문학적 감수성과 소통 능력은 사회적 역량으로도 분류할
수 있다고 한다. 광주시교육청에서 제시한 역량 가운데 독특한 것은 생태
인문학적 감수성으로 이는 자연에서 아름다움을 발견하고 그 아름다움에
경탄할 수 있는 능력, 늘 있어 왔던 사물이나 현상도 당연하게 보지 않을
수 있는 능력, 세상이나 사람들의 섬세한 변화에도 감응하는 힘 등을 일
컫는 말이라고 한다(광주시교육청, 2013). 미래 핵심 역량에 대한 이상의 논
의들을 종합하면 〈표 4-2〉와 같다.

<표 4-2> 미래 핵심 역량 비교[2]

대분류	OECD(2003)	이근호 외(2013b)	광주시교육청(2013)
지적 역량	도구를 상호 교류적으로 사용하는 능력	문제해결력, 정보처리 및 활용 능력, 창의적 사고력	창의성, 비판적 사고 능력, 문제해결력, 정보 활용 능력, 자기주도적 학습력, 기초 학습능력
개인적역량 (인성역량)	자율적으로 행동하는 능력	자기관리 능력	(시민 의식, 생태 인문학적 감수성)
사회적역량	이질 집단에서 상호작용하는 능력	의사소통 능력, 시민 의식, 대인 관계 능력	소통 능력

3. 역량 기반 교육에 대한 사례 분석

역량 기반 교육을 현실에서 실천하는 사례들이 국내외적으로 점차 늘고 있다. 대표적으로 캐나다의 퀘벡 주와 알버타 주에서 역량 기반 교육에 근거한 교육개혁을 주정부 차원에서 적극적으로 실천하고 있고, 뉴질랜드와 호주 역시 정부 차원에서 역량 기반 교육을 실시하기 위해 노력하고 있다. 이 밖에 독일, 영국, 프랑스, 핀란드, 미국의 캘리포니아 주 등에서도 다른 용어들을 사용하지만 유사한 교육개혁을 추진 중이다(소경희 외, 2010; 이근호 외, 2013b; 홍원표·이근호, 2011). 국내에서도 정부가 관심을 갖고 있을 뿐 아니라 경기도교육청, 광주광역시교육청 등 교육청 단위에서와 한동대학교, 고신대학교 등과 같은 대학 차원에서 역량 기반 교육을 실천하기 위해 노력 중이다. 여기서는 대표적인 외국 사례 두 곳과 국내 사례 두

---

2 이근호 외(2013b)는 개인적 역량을 대분류의 하나로 포함했고, 광주시교육청(2013)은 개인적 역량 대신 인성 역량을 포함시켰다. 그리고 광주시교육청에서 제시한 역량 가운데 분류상 중복되는 것은 본 연구자가 임의적으로 한 곳에만 포함시켰다.

곳을 소개하고자 한다.

1) 캐나다 퀘벡 주

캐나다 퀘벡 주에서는 지식의 습득을 넘어 지식의 실질적 활용을 강조하는 역량개발을 교육과정의 주요 목표로 삼고 2001년부터는 초등학교 교육과정을, 2005년부터는 중등학교 교육과정을 역량 기반 교육과정으로 편성·운영하고 있다(이근호 외, 2013b; 홍원표·이근호, 2011). 퀘벡 주의 교육과정은 크게 범교과적 역량(Cross-curricular competencies), 포괄적 학습 영역(Broad areas of learning), 교과 영역(Subject areas) 등 세 요소로 구성되어 있다. 먼저, 범교과적 역량에는 아홉 가지가 있는데 지적 역량의 범주에 정보활용력, 문제해결력, 비판적 판단력, 창의성 등이 있고, 방법론적 역량 범주에 효과적인 방법의 활용 능력, 정보통신 기술의 활용 능력이 있다. 그리고 개인적·사회적 역량 범주에 자아 정체성 형성능력, 타인과의 협동력이 있고, 의사소통 관련 역량에 적절한 의사소통 능력이 있다. 이들 역량들은 특정한 교과의 경계를 넘어서 지속적인 학습을 통해 모든 학생들에게 길러져야 하는 능력이라는 점에서 범교과적 역량이라 부른다. 다음 포괄적 학습 영역에서는 학생들이 직면하는 삶의 여러 측면들을 주제로 다루면서 그들이 학교에서 학습한 것과 학교 밖의 삶을 관련시키는 능력을 배우게 한다. 포괄적 학습 영역을 통해 학생들은 서로 다른 학습 영역 사이의 관련성을 파악할 뿐 아니라 자신을 둘러싸고 있는 환경에 대해서 비판적으로 보게 된다. 포괄적 학습 영역에는 건강과 행복, 생애 및 진로 계획, 미디어 문해력, 환경의식 및 소비자 의식, 시민성과 공동체적 삶 등이 있다. 교과 교육과정에는 15개의 교과목들이 다섯 개의 교과군으로 조직되어 있다. 퀘벡 주의 교육과정의 구조는 아래 〈표 3〉와 같다.

〈표 4-3〉 퀘벡 주 교육과정의 구조

구성요소	하위범주	
범교과적 역량	지적 역량	정보활용력 문제해결력 비판적 판단력 창의력
	방법론적 역량	효과적인 방법의 활용 능력 정보통신 기술의 활용 능력
	개인적·사회적 역량	자아정체성 형성 능력 타인과의 협동 능력
	의사소통 관련 역량	적절한 의사소통 능력
포괄적 학습 영역	건강과 행복	
	생애 및 진로 계획	
	환경 의식 및 소비자 권리와 책임 의식	
	미디어 문해력	
	시민성과 공동체적 삶	
교과영역	언어(영어, 불어)	
	수학, 과학, 기술(technology)	
	사회(지리, 역사, 시민교육)	
	예술교육(연극, 미술, 댄스, 음악)	
	개인적 발달(체육 및 건강, 윤리교육, 가톨릭 교육, 개신교 종교교육)	

[출전] 홍원표·이근호, 2011: 72

　　그런데 이러한 교육과정의 세 가지 구성요소들은 상호 밀접하게 관련된 것으로 통합과 연계를 필요로 한다. 이들 사이의 밀접한 관계는 '구성요소 내의 관계'와 '구성요소 간의 관계'로 나누어 설명될 수 있다(이근호 외, 2013b: 16). 구성요소 내의 관계는 각 구성요소 내에 존재하는 하위요소들 간의 상호작용을 의미한다. 예를 들어 9가지의 범교과적 역량들은 서로 분리되어 있다기보다는 상호관련된 것으로 보고 이 역량들을 통합적으로 개발해야 한다는 것이다. 구성요소 간의 관계는 범교과 학습 역량, 포괄적 학습 영역, 교과 영역이 상호 독립적이지 않고 상호의존적 관계에 있기 때문에 이 세 요소들이 연계될 때 역량 개발에 가장 적합한 학습 환경이 조성된다고 한다.

역량개발에 대한 체계적인 평가는 역량 기반 교육과정의 중요한 요소가 된다. 주에서 발간한 교육과정 문서에는 역량에 대한 자세한 설명과 함께 평가 준거를 명확하게 제시함으로써 각 교육과정에 명시된 역량의 개발 정도를 엄격히 평가하도록 하고 있다. 학년군(cycles) 말에 이루어지는 역량 개발에 대한 평가는 역량 수준 등급표를 기반으로 학습 과정을 통해 역량이 어느 정도 개발되었는지를 명확하게 기술하도록 되어있다.

퀘벡 주에서는 역량 기반 교육과정의 성공적인 시행을 위해 필요한 행정체계와 지원 시스템을 만드는 데 많은 노력을 기울였다. 첫째, 역량의 개발이 단기간에 이루어지기 어렵고 학생들 사이에 편차가 있음을 감안하여 학교 교육과정을 학년 단위로 편성하지 않고 재조정된 학년군 단위로 편성하였다. 즉 6년의 초등교육은 2개 학년씩 3개의 학년군으로 묶고, 5년의 중등교육은 전기 2년을 학년군 1로, 후기 3년을 학년군2로 재조직하였다. 그래서 전체 5개의 학년군에 따라 교육과정을 편성 운영하고 각 학년군 말에 역량 개발에 대한 평가를 실시하도록 하였다. 둘째, 각 교과에서 배운 지식을 통합적으로 활용할 수 있도록 학교나 교실을 학습 공동체로 바꾸기 위해 노력하였다. 이를 위해 교사와 교사, 교사와 학생 간 상호 소통하고 협력하는 학습 문화를 형성하는 데 주안점을 두었다. 셋째, 이런 정책이 성공적으로 시행되기 위해서는 반드시 현장 교사의 참여와 전문성이 전제되어야 함으로 이를 위해 각종 지원을 강화하였다. 교사들의 교육과정 전문성을 강화하기 위한 연수 기회를 확대하고 교육 컨설턴트 제도를 도입하여 새로운 교육과정을 어려워하는 교사들에게 개별적인 도움을 주기도 하였다(홍원표·이근호, 2011).

퀘벡 주에서 역량 기반 교육과정을 시행한 지 10년이 넘었다. 그 정책 시행의 노력과 성과에 대해 주 교육부의 한 국장은 다음과 같이 말하였다고 한다.

> 교육과정 개혁은 길게 봐야 한다. 우리는 학부모와 교사를 설득하는데 10년이 걸렸다. 그 결과 지금은 대부분의 교사가 만족스러워한다. 교사들이 학교를 만족스러워하면, 아이들도 학교를 즐거워하게 된다(홍원표·이근호, 2011: 74).

퀘벡 주에 위치한 클리어포인트(Clearpoint)초등학교는 주의 교육정책을 충실하게 이행하는 학교이다. 특히 이 학교는 사고력 증진과 문제해결력 향상에 중점을 두고 있다. 수업 시간은 대개 학생들의 개별적인 활동과 조별활동으로 구성되며, 다양한 활동을 통해 학생들이 지식과 정보를 수집하고 이를 활용하여 창의적인 산출물을 만드는 작업이 주가 된다. 예를 들어, 몬트리올의 역사에 대한 프로젝트를 진행하는 역사 수업에서 학생들은 각자 다양한 활동을 한다. 어떤 학생은 몬트리올의 역사에 대한 에세이를 쓰고, 다른 학생은 오랜 역사를 지닌 교회 건물을 그리면서 배경설명을 제작하고, 또 다른 학생은 몬트리올에 대한 영어 설명을 불어로 번역하는 작업에 열중한다. 그 학교에서는 다양한 경로로 지식을 활용하는 것이 학생들의 역량개발에 중요하다고 믿고 있다. 클리어포인트초등학교는 새 교육과정을 도입한 후 교실에서의 수업과 학생들의 학습태도가 변했다고 한다. 즉 학생들이 스스로 생각하고, 발견하고, 실험하고, 문제를 해결하며, 결론을 내리는, 적극적이고 능동적인 학습자로 변하고 있다는 것이다(홍원표·이근호, 2011: 77).

2) 뉴질랜드

뉴질랜드 교육부는 21세기 사회의 특징인 평생 학습사회에 대한 관심을 갖게 되면서 학생들의 평생 학습능력 함양을 주요한 교육목적으로 삼게 되었다. 뉴질랜드에서 역량 기반 교육과정의 시행은 이러한 맥락 가운데 이루어졌다. 뉴질랜드 교육부는 핵심 역량을 평생 학습을 위한 능력으로 보고 있다(소경희 외, 2010). 뉴질랜드는 OECD의 DeSeCo 프로젝트에 제시된 핵심 역량을 국가의 상황에 맞도록 수정하여 2007년 핵심 역량 함양을 목표로 하는 국가 교육과정을 발표하였다. 뉴질랜드 국가 교육과정은 국가가 추구하는 교육비전 아래 가치, 핵심 역량, 학습 영역의 세 가지 요소로 이루어져있다. 뉴질랜드의 교육비전은 '자신감 있고, 환경과의 관계를 지각하고, 공동체 활동에 능동적으로 참여하는 평생 학습자'를 양성하는 것이다. 교육과정에서 중시하는 가치에는 수월성, 혁신·탐구·호기심, 형평성, 다양성, 공동체와 참여, 생태의 지속적 발전가능성, 성실성, 존중 등이 있다. 핵심 역량에는 사고하기, 언어·상징·텍스트 사용, 자기관리, 대인 관계, 참여 및 공헌 등 다섯 가지가 있고, 학습 영역에는 영어, 예술, 건강과 체육, 외국어, 수학과 통계, 과학, 사회과학, 기술 등 여덟 가지가 있다(이근호 외, 2013b). 뉴질랜드의 국가 교육과정의 구조를 표로 나타내면 아래와 같다.

〈표 4-4〉 뉴질랜드 교육과정의 구조

비전 자신감 있고, 환경과의 관계를 지각하고, 공동체 활동에 능동적으로 참여하는 평생 학습자	
가치	수월성, 혁신·탐구·호기심 형평성, 다양성, 공동체와 참여 생태의 지속적 발전가능성 성실성, 존중
핵심 역량	사고하기 언어·상징·텍스트 사용 자기관리 대인관계 참여 및 공헌
학습 영역	영어, 예술 건강과 체육 외국어, 수학과 통계 과학, 사회과학, 기술

[출전] 이근호 외, 2013b: 19

국가가 요구하는 것은 교육과정을 구성하는 세 요소인 가치, 핵심 역량, 학습 영역이 상호간에 밀접한 관계를 가지며 다양한 방식으로 통합되도록 하는 것이다. 그러나 통합의 방식을 결정하는 것은 국가가 아니라 단위 학교이다. 소경희 외(2010)의 연구에 따르면 초기 뉴질랜드 역량 기반 교육과정을 시행한 실험 학교들 가운데 다수가 사용한 방법은 핵심 주제를 중심으로 한 통합이었다. 즉 학교는 한 학기에 다룰 핵심 주제를 정하고, 그 주제에 적합한 학습 영역과 핵심 역량을 한두 가지 선정하게 된다. 주제를 중심으로 학습 영역과 핵심 역량을 통합하고 이를 새로운 교수-학습 프로그램으로 만들어 학습을 하게 된다. 이러한 방식으로 교육과정을 운영하는 한 학교의 사례를 표로 나타낸 것이 〈표 5〉이다.

〈표 4-5〉 핵심주제 중심으로 통합한 학교교육과정의 예

	1학기	2학기	3학기	4학기
주제	과학과 환경	연극무대에 서기	시간, 지속성, 변화	음식과 영양
관련 학습 영역	과학	예술	사회, 수학	건강과 체육교육, 기술
관련 핵심 역량	참여와 공헌	자기 관찰하기	사고하기	대인 관계
	언어·상징·텍스트 사용하기			

[출전] 소경희 외, 2010: 40

핵심 역량을 평가하는 방식에 대해서는 국가 교육과정에 구체적인 방안을 제시하지 않고 학교가 자율적으로 마련하도록 하고 있다. 많은 실험학교들의 경우 학생들의 핵심 역량 발달 정도에 대한 평가를 학교에서 시행해오던 형성 평가의 일환으로 실시하였다. 즉 학생들의 역량 발달정도에 대해 학생들의 자기 평가, 동료 평가, 반성일지 등의 방법을 사용하고 이에 대해 교사가 피드백을 주는 방식으로 평가가 진행되었다. 그런데 역량의 평가 결과를 기록하고 보고하는 방식은 비공식적인 형태를 주로 취하였다. 성적표에 공식적으로 기록하기보다는 알림장에 적거나 학기말 학부모와의 면담에서 보고하는 방식을 선호하였다.

뉴질랜드의 교육과정 체계는 핵심 역량 중심 교육과정을 실시하기에 유리한 형태로 이루어져 있다. 뉴질랜드 국가교육과정은 8개의 학습 영역으로 이루어져 있고 각 학습 영역의 성취 목표는 학년별로 제시되지 않고 수준별로 제시되어 있다. 1학년부터 13학년까지 총 8개의 수준이 있다. 학생들은 수준에 따라서 학년에 관계없이 하위 학년이나 상위 학년으로 배정을 받을 수 있다. 이처럼 느슨하고 유연한 교육과정의 틀은 학교 차원에서 핵심 역량 중심 교육과정을 다양하게 편성 운영하는 데 좋은 여

건이 된다고 할 수 있다.

그리고 뉴질랜드 교육부는 핵심 역량 교육과정의 성공적인 시행을 위해 단위 학교에 적절한 준비를 요청하였다. 이에 따라 각 학교들은 각 학교의 상황에 맞게 준비를 하였는데 대개 세 단계의 준비 과정을 거쳤다고 한다(소경희 외, 2010). 첫째, 교육과정 연구팀을 구성하여 핵심 역량에 대한 학습을 충분히 하게 했다. 둘째, 이를 바탕으로 학교구성원들과 토론을 통하여 새로운 교육과정에 대한 이해를 공유하고자 하였다. 셋째, 이런 과정을 거친 후 핵심 역량을 도입한 교수-학습 프로그램 개발을 위한 협력 작업을 하였다. 이처럼 새로운 교육과정의 성공적인 정착을 위해서는 교사 상호간에 그리고 교사와 학생 간 활발한 논의를 통해 이에 대한 정확한 이해와 이해의 공유 과정을 갖는 것이 매우 중요함을 보여 준다.

3) 광주광역시교육청

광주광역시 교육청은 최근 사회의 변화추세를 고려하고 미래 사회의 메가트랜드에 따른 미래교육의 방향을 모색하면서 역량 기반 교육을 광주 교육의 새로운 방향으로 설정하였다. 그래서 광주시는 2013년 광주 교육의 목표를 "미래 핵심 역량을 기르는 학교 교육력 제고"라고 정하였다. 그리고 광주교육청은 미래 핵심 역량에 대한 여러 연구들을 참고로 창의성, 비판적 사고능력, 문제해결력, 정보활용 능력, 자기주도적 학습력, 기초 학습능력, 생태 인문학적 감수성, 소통 능력, 시민 의식 등 9가지 역량을 광주교육의 미래 핵심 역량으로 삼았다. 그런데 광주시교육청의 분석에 따르면 현재 사용 중인 2009년 개정 교육과정의 학교급별 목표에 핵심 역량이 상당부분 내포되어 있다고 본다. 예를 들어 2009년 개정 교육과정

의 중학교 교육목표에는 진로 탐색 능력, 기초 능력, 문제해결 능력, 창의
적 사고력, 의사소통 능력, 민주시민 의식 등이 명시되어 있다고 한다(광주
시교육청, 2013). 이러한 맥락에서 본다면 역량 기반 교육을 실시하기 위하
여 현재의 국가교육과정의 기본구조를 변화시키기보다는 현행대로 유지
하면서 다양한 교육활동을 통해 미래 핵심 역량을 구현하는 노력이 바람
직하다고 한다. 그래서 광주시교육청은 교육과정의 개혁에 대한 관심보
다는 학생들의 핵심 역량을 키울 수 있는 학교 교육력 제고에 더욱 관심
을 쏟고 있다. 전문적 학습공동체 구축, 동아리 활동 활성화, 학부모 네트
워크, 지역사회 물적·인적 지원활동 등 다양한 과제들을 통해 교사 역량
강화, 학생 자치활동 활성화, 학부모 연수, 지역사회와의 연계 협력 등을
학교 교육력 제고를 위한 4대 영역으로 설정하였다. 광주시교육청에서
제시한 9가지 미래 핵심 역량과 이와 관계하는 사업들과의 관계를 나타내
면 〈표 4-6〉과 같다.

〈표 4-6〉 광주광역시교육청의 미래 핵심 역량과 단위 사업의 상관성

미래 핵심 역량	단위 사업
창의성	인문학 교실, 논술 교실, 학술 동아리, 사제 동행 독서, 수업 혁신, 시사·토론, 과학 동아리, 교사 역량 강화, 수업 연구회, 교과 연구회(협의회), 학교 자율활동, 학습 공동체 구축
비판적 사고능력	인문학 교실, 논술 교실, 학술 동아리, 사제 동행 독서, 수업 혁신, 시사·토론, 역사 동아리, 교사 역량 강화, 수업 연구회, 학교 자율활동, 학습 공동체 구축
문제해결력	인문학 교실, 논술 교실, 학술 동아리, 사제 동행 독서, 수업 혁신, 교과 동아리, 시사·토론, 역사 동아리, 과학 동아리, 교사 역량 강화, 수업 연구회, 교과 연구회(협의회), 학교 자율활동, 학습 공동체 구축
정보 활용 능력	수업 혁신, 시사·토론, 교사 역량 강화, 동아리, 학교 자율활동, 진로 교육, 학습 공동체 구축
생태· 인문학적 감수성	인문학 교실, 논술 교실, 학술 동아리, 문화 예술, 사제 동행 독서, 생태환경 동아리, 역사 동아리, 과학 동아리, 교사 역량 강화, 학교 자율활동, 학습 공동체 구축

미래 핵심 역량	단위 사업
자기주도적 학습력	인문학 교실, 논술 교실, 학술 동아리, 사제 동행 독서, 수업 혁신, 교과 동아리, 역사 동아리, 과학 동아리, 교사역량 강화, 수업 연구회, 교과 연구회(협의회), 학교 자율활동, 학습 공동체 구축
소통 능력	인문학 교실, 학술 동아리, 스포츠 클럽, 사제 동행 독서, 수업 혁신, 역사 동아리, 과학 동아리, 교사 역량 강화, 수업 연구회, 생활 교육, 학부모 교육, 지역 연계 활동, 학교 자율활동, 수업 공개, 학습 공동체 구축, 학생 자치회 활동
시민 의식	인문학 교실, 스포츠 클럽, 민주 인권 평화 교육(동아리), 교사 역량 강화, 생활 교육, 학부모 교육, 지역 연계 활동, 학교 자율활동, 인권 교육, 양성 평등 교육, 진로 교육, 학습 공동체 구축, 학생 자치회 활동
기초학습 능력	교과연구회(협의회), 사제동행독서, 교과·학술동아리, 멘토링, 학교자율활동, 진로교육, 학습공동체구축

[출전] 광주광역시교육청, 2013: 32

4) 경기도교육청

경기도교육청의 경우 2012년에 2009년 개정 교육과정에 따른 학교 교육과정 편성 운영지침을 개정하면서 창의지성을 지향하는 핵심역량 교육과정을 표방하였다. 경기도 고양시에 소재한 한 초등학교는 핵심역량 교육과정을 시행하고 있는 대표적인 학교이다(이근호 외, 2013b). 이 학교는 핵심 역량 함양을 위해 교과, 차시 중심의 교육과정에서 벗어나 주제 중심 통합 교육과정을 운영하고 있다. 또한 학습자의 삶과 관련된 체험과 실천 중심의 교육과정 운영과 동학년 공동 교육과정 운영을 통한 집단 지성 발현에 역점을 두고 있다. 효과적인 핵심역량 교육과정 운영을 위해 다양한 평가 방법을 개발 적용하는데 수행평가 및 서술형 논술형 평가, 성장참조형 과정 평가, 배움 공책과 주제 자기평가표 등이 있다. 또한 문화예술 역량 강화를 위해서 문화예술 집중 이수를 시도하기도 하고, 창의적 체험 활동의 경우 인권 및 평화 교육, 생태 교육을 중점 운영하기도 한다. 이 학교는 역량 기반 학교환경을 구축하기 위해 교사협의회, 학부모 모임 등의 활성화를 통해 수평적이고 민주적인 의사결정 구조를 만들려고 노력한다. 이와 더불어 "small school제" 운영을 통해 권한을 각 학년으로 위임하고 업무 전담 지원팀 운영을 통해 교사의 행정 업무를 경감하고 교육과정 전념 운영을 위한 학습 공동체 구축에 힘쓰고 있다. 4학년 1학기 교육과정의 예시는 〈표 4-7〉과 같다.

〈표 4-7〉 교육과정 재구성표 예시 (4학년 1학기)

지도 기간	주제	핵심 역량	통합 일반	국어	도덕	사회	수학	과학	체육	음악	미술	영어	창체	계	관련 체험 학습
3.2~ 4.3	함께 사는 세상	시민 의식 의사소통	통합	19	6	14				4	7		19	69	진단평가(3/6, 국/수) 모의선거 활동(4/2~4/3)
			일반				23		24			8	6	61	
4.4~ 5.22	세상 속의 나	자기관리 생태 감수성	통합	29	4	14		22	5	6	18		8	106	연극공연 관람(4월)
			일반				29		10			11	6	56	
5.23~ 6.26	우리 나라 우리 문화	문화예술 감수성	통합	32	4	21			9	12	9		5	92	경기도 공장 견학(6월) 천연염색 (6월, 미술2, 창체2)
			일반		1		16					10	6	33	
6.26~ 7.20	소중한 지구	생태 감수성	통합	20		3		18		16	3		7	67	갯벌체험(7월, 과학6)
			일반				10	8	10			8	4	40	
1학기 계				100	15	52	78	48	58	38	37	37	61	524	

[출전] 이근호 외, 2013b: 37

III. 역량 기반 교육에 대한 기독교적 이해

1. 기독교 교육과 역량

역량 기반 교육이 기독교학교에서 어떻게 적용될 수 있는지를 살피기

위해서는 먼저 역량의 개념이 기독교적 교육과정에 수용가능한지에 대해
고찰할 필요가 있다. 이는 기독교적 지식관에 대한 검토와 기독교 교육
의 특징에 대한 논의를 필요로 한다. 이를 토대로 기독교적 교육과 역량
기반 교육의 특징을 간단하게 비교할 것이다. 이를 바탕으로 기독교학교
에서의 역량 기반 교육 실천방안을 살펴보고자 한다. 교육과정은 학생들
에게 가르쳐야 할 지식을 체계화하여 학년별, 교과별로 분류해 놓은 것이
다. 그러므로 지식을 이해하는 방식은 교육과정에서 핵심적인 부분이다.
기독교 교육학자들이 제시하는 기독교적 지식관의 중요한 두 가지 특징
은 다음과 같다.

첫째, 지식은 인격적(personal) 성격을 띤다는 점이다(박상진, 2004; 한철희,
2004; Palmer, 1993; 2006). 사람이 대상에 대한 지식을 갖고자 할 때 대상을 알
고자 하는 주체와 그 대상 사이에는 특수한 관계가 형성된다고 본다. 인
식하는 주체가 가지고 있는 개인적인 호기심, 열정, 동기, 성향, 신념 등의
인격적 요소가 사물을 인식하는 과정에서 중요하게 작용하기 때문이다.
이러한 관점은 인식 주체와 대상 사이에 철저한 단절을 주장하여 지식의
중립성, 객관성을 강조하는 대표적인 지식관인 객관주의적 지식관과는
큰 차이가 있음을 알 수 있다. 이러한 지식의 인격적 성격은 지식의 공동
체적, 참여적 성격을 갖게 한다. 지식의 공동체적 성격은 인식 주체가 사
물을 인식하는 것이 인식 주체의 주관에 의한 개인적(individual) 행위가 아
니라 공동체적 행위라는 의미이다. 사람들이 무언가를 이해하기 위해서
는 그들이 뿌리를 두고 있는 공동체의 합의에 의존하게 된다. 나아가 실
재란 개별적 실체로 존재하지 않고 공동체적 관계망 가운데 존재한다는
점을 이해한다면 우리가 실재를 바르게 알 수 있는 방법은 그들과의 공동
체적 관계 속으로 들어가는 것임을 알게 된다. 그리고 인식 주체가 인식

대상과의 특수한 관계를 맺어 공동체를 형성하고 거기에 참여할 때 대상을 진정으로 알 수 있다는 점에서 지식은 참여적이라 할 수 있다. 지식의 참여적 성격은 인식 주체로 하여금 대상에 대한 책임과 헌신이라는 참여를 요구하게 된다(강영택, 2009).

둘째, 성경은 지식의 실천적 경향성을 중시한다. 구약성경에서 사용되는 앎(yada)이라는 단어는 단지 인지적인 인식 행위를 의미하지 않고 경험으로서의 능동적이고 의도적인 참여를 통한 앎을 일컫는 말이다. 이런 관점에서 지식을 갖는다는 것은 아는 바를 살아냄으로서 지식을 실천할 때 비로소 이루어진다고 할 수 있다. 그러므로 성경적 지식관에는 앎, 존재, 사랑, 행함 등이 모두 함께 묶여 있다(Brummelen, 1994). 그래서 호세아 선지자는 하나님 말씀을 실천하지 않는 이스라엘 백성은 하나님에 대한 지식이 없는 것이기에 하나님의 심판이 임할 것이라고 경고했다(호 4:6). 개혁주의 기독교철학자인 월터스토프(Wolterstorff, 2002)는 기독교 교육이란 학생들에게 성경적 관점의 사고능력을 기르게 할 뿐 아니라 아는 바를 실천할 수 있는 경향성을 함양하도록 하는 것이라 주장했다. 이를 팔머(Palmer, 1993)는 "안다는 것은 사랑한다는 것"이라는 간단한 말로 표현했다.

기독교 교육은 지식의 인격적 성격과 실천적 경향성이라는 기독교적 지식관을 기반으로 이루어져야 한다. 그러므로 기독교학교에서의 교육은 단순한 지식의 습득과 축적만을 교육의 목표로 삼아서는 안 된다. 대신 지식의 실천성, 달리 말하면 인식대상에 대한 책임과 헌신을 동반한 실천적 앎을 위해 노력해야 한다. 이런 면에서 기독교 교육은 지식을 인간 외부에 객관적으로 존재하는 실체의 총합으로 보는 근대적 지식관을 기반으로 하는 지식 교육 혹은 교과 교육에 대해 비판적일 수밖에 없다(Brummelen, 1994).

역량 기반 교육 역시 교과 지식의 습득 보다는 지식을 활용하여 실제 상황에서 무언가를 할 수 있는 실천 능력을 중요하게 본다는 면에서 오늘날의 지식 교육과 분명한 차별성이 있다. 그리고 여러 면에서 지식의 실천성을 중시하는 기독교 교육과 비교될 수 있다. 박은숙(2013)은 기독교교육과 역량 기반 교육을 비교하면서 실천 능력, 책무성, 문제 해결 능력 등에서 이 두 교육의 핵심 역량이 유사하고, 자신이 직면한 문제들을 해결하기 위해 지식과 기술을 활용할 수 있는 능력을 배양한다는 교육의 목표들 또한 유사하다고 지적한다. 그런 면에서 역량 기반 교육은 앞으로의 기독교학교교육을 설계하는 데 참조할 수 있는 좋은 방안이 될 수 있다고 한다. 그러나 역량 기반 교육이 현실사회 특히 산업체의 요구를 반영한 역량을 교육하고자 하는 경향이 강하기 때문에(송경오·박민정, 2007) 기독교학교에서 목표로 하는 핵심 역량과는 차이가 있을 수 있다. 기독교학교에서 교육하고자 하는 역량은 보다 가치지향적인 성향을 가질 가능성이 크기 때문이다. 그러면 이제 기독교학교에서 추구할 기독교적 핵심 역량에는 무엇이 있는지를 살펴봐야 할 것이다.

2. 기독교적 핵심 역량

기독교학교에서 함양하고자 하는 역량이 일반 학교에서 기르고자 하는 것과 전혀 별개의 것은 아닐 것이다. 일반학교에서 중요하게 여기는 핵심 역량을 기독교학교에서도 동일하게 중요한 것으로 간주할 수 있다. 선행연구에서 제시된 핵심 역량들을 종합하면 자기 관리 능력, 문제 해결력, 정보활용 능력, 창의적 사고력, 의사소통 능력, 시민 의식, 갈등 관리 능력 등으로 요약할 수 있다. 이들 일반적인 핵심 역량에 덧붙여 기독교학교에서 함양해야 하는 기독교적 핵심 역량에는 무엇이 있는지를 탐색해야 한다. 이는 미래 사회가 학교에 요구하는 역량이 무엇인지에 대해 고민해야 하는 동시에 어떤 미래 사회를 소망하는가 하는 문제와 관계한다. 즉 소망하는 미래 사회에서 필요로 하는 역량 혹은 소망하는 미래 사회를 만들기 위해 필요한 역량이 무엇인지를 탐구해야 한다. 물론 이런 노력들을 기울인다 해도 모든 기독교학교가 동의하는 기독교적 핵심 역량을 찾기는 어려울 수도 있다. 왜냐하면 각 기독교학교들마다 그들이 추구하는 건학이념이 있기 때문에 각 학교가 기르고자하는 핵심 역량이 다를 수 있다. 여기서는 기독교학교가 목표로 삼고 교육해야 할 기독교적 핵심 역량이라 할 수 있는 몇 가지를 제시하고자 한다.

오늘날 기독교학교는 현대사회가 직면한 문제점들을 극복하고 소망하는 미래 사회를 열어갈 인재들을 양육하기 위해 영성 교육, 공동체 교육, 정의와 평화 교육이 필요하다고 필자는 다른 논문에서 제시한 바 있다(강영택, 2013). 이들 세 가지 교육이 미래의 바람직한 사회를 준비하기 위해 요청되는 것임은 대한예수교장로회 통합측에서 발표한 "기독교학교교육헌장(2007년)"이나 한국 가톨릭주교회의에서 채택한 "한국가톨릭학교교육헌장(2006년)"과 같은 주요 문헌에서 밝히는 바이기도 하다. 바람직한 미래 사회를 위해 필요한 이 세 가지 교육으로부터 기독교학교가 추구해야 할 기독교적 핵심 역량을 도출할 수 있다.

첫째, 오늘날 우리 사회가 과도한 물질주의와 현세주의로 인해 인간소외의 문제가 심각한 상황임을 고려한다면 미래 사회에는 인간 내면의 깊은 탐구를 추구하는 영성 교육을 필요로 할 것이다. 영성 교육에는 인간이 지·정·의로 구성된 인격체이며 육체와 정신은 분리될 수 없는 총체적 존재이고 인간은 타인과 우주, 나아가 하나님과 궁극적으로 연결되어 있다고 보는 통전성(wholeness)의 영성을 중시한다(손원영, 2007). 이러한 통전성의 영성을 토대로 인간 내면의 문제를 탐구하는 영성 교육은 영적 감수성이라는 역량이 미래 사회에서는 얼마나 중요한지를 일깨워 준다. 영적 감수성이란 통전적 존재로서의 인간에 대한 이해를 바탕으로 인간 영혼의 절박한 질문들에 대해 민감하게 반응하는 능력을 일컫는다.

둘째, 오늘날 사회가 개인주의와 경쟁 지상주의의 만연으로 공동체적 경험이 결핍되고 인간적 관계가 피상화 되는 현실을 고려할 때 미래 사회에는 타인과의 상호의존적인 공동체성의 회복을 목표로 하는 공동체 교육을 중요하게 여길 것이다. 공동체 교육은 타인과 더불어 조화롭게 사는 법을 가르치고 구성원들의 상호의존적 관계를 특성으로 하는 공동체 형성을 교육목표로 삼는다. 그런데 공동체 교육을 통해 형성하고자 하는 공동체는 나와 비슷한 사람들과의 유대를 기반으로 하는 동질집단으로서의 공동체라기보다는 차이와 다양성이 존재하는 포용적 공동체를 지향한다(Palmer, 2011). 그러므로 공동체 교육에는 타자에 대한 배려와 환대가 필수적이므로 다문화 감수성이 중요한 역량이 되며, 참된 공동체에 대한 참여와 공헌을 중요하게 보는 공동체 역량이 강조되어야 한다. 여기서 다문화감수성이란 사람들 사이에서 차이와 다양성에 대하여 예민하게 반응할 수 있는 능력을 일컫는다.

셋째, 오늘날 우리 사회가 시장만능주의와 권력지상주의로 인해 사회적 약자들의 고통과 아픔이 외면당하는 현실임을 감안하면 미래 사회는 약자들의 권리가 존중받는 정의와 평화가 공존하는 샬롬을 이루기 위한 정의와 평화 교육이 매우 중요하게 대두될 것이다. 정의와 평화교육은 학생들에게 정의와 평화를 향유하게 하고 정의롭고 평화로운 사회를 만드는데 기여하도록 교육하는 것이다. 정의는 모든 사람들이 차별 없이 하나님께서 부여하신 인간으로서의 권리를 향유하는 것이며, 평화는 정의의 결과 사람들이 하나님, 이웃, 자연, 자신 등 타자와의 화목한 관계에서 누리는 기쁨의 상태이다(Wolterstorff, 2002). 정의와 평화교육은 정의와 평화 감수성이 미래 사회에서 매우 중요한 역량임을 알게 할 것이다. 정의 감수성은 정의와 불의를 바르게 분별하고 불의에 대해 민감하게 반응할 수 있는 능력이다. 특히 불의로 인해 고통 받는 이들의 아픔에 대해 함께 아파하는 능력이 중요하다. 평화 감수성은 타자와의 화목한 관계에서 오는 기쁨을 예민하게 느낄 수 있는 능력을 일컫는다.

지금까지 기독교학교에서 길러야 하는 기독교적 핵심 역량으로 네 가지를 제시하였다. 이 네 가지 핵심 역량은 일반학교에서 강조하는 핵심 역량들 가운데 시민 의식과 갈등 관리 능력과 공유되는 면이 많다. 다문화감수성, 정의·평화 감수성, 공동체역량은 시민 의식 가운데 핵심적인 내용을 차지한다. 그리고 다문화 감수성이나 공동체 역량은 갈등관리능력과 관련이 깊다. 그러므로 기독교학교에서 함양하고자 하는 핵심 역량은 일반적인 역량 다섯 가지(자기관리 능력, 문제해결력, 정보활용 능력, 창의적 사고력, 의사소통 능력)와 기독교적 역량 네 가지(영적 감수성, 다문화 감수성, 공동체 역량, 정의와 평화 감수성)를 합하여 모두 아홉 개로 정리할 수 있다. 이를 다시 한 번 요약정리하면 〈표 4-8〉과 같다.

〈표 4-8〉 기독교학교에서의 핵심 역량과 의미

핵심 역량	의미
자기관리 능력	능력 있는 학습자라는 자신에 대한 믿음을 기반으로 자립적이고 자신을 반성적으로 돌아볼 수 있는 능력
문제해결 능력	생활에서 직면하게 되는 문제를 올바른 가치판단과 합리적인 선택을 통해 해결할 수 있는 능력
정보활용 능력	문제해결을 위해 다양한 정보와 자료를 수집, 분석, 평가하여 의미를 파악하고 이들을 효과적으로 활용할 수 있는 능력
창의적 사고능력	비판적, 논리적, 발산적 사고를 통해 새롭고 의미 있는 결과나 아이디어를 창출해 낼 수 있는 사고능력
의사소통 능력	개인적, 사회적으로 효과적이고 적절하게 의사를 전달하고 받아들이는 능력
영적 감수성	인간 내면의 절박한 질문들에 대해 민감하게 반응하는 능력
다문화 감수성	사람들 사이의 차이와 다양성에 대하여 예민하게 반응할 수 있는 능력
공동체 역량	참된 공동체를 위하여 적극적인 참여와 공헌하는 태도
정의·평화 감수성	정의 감수성은 정의와 불의를 바르게 분별하고 불의에 대해 민감하게 반응할 수 있는 능력 평화 감수성은 타자와의 화목한 관계에서 오는 기쁨을 예민하게 느낄 수 있는 능력

[이근호 외, 2013b를 참조]

IV. 기독교학교에서의 역량 기반 교육

학교가 전통적인 교과 지식 중심의 교육으로부터 벗어나 역량 기반 교육을 실시하기 위해서는 여러 측면에서 변화를 시도해야 한다. 무엇보다 교육과정이 변화되어야 하고, 실제 학교 현장의 교수학습 과정과 평가 방식에서 획기적인 변화가 요구된다. 그리고 이러한 교육 내용과 방법의 효과적인 변화를 위해서는 학교 행정이 이를 적절하게 지원하는 체제를 갖출 필요가 있다. 그런데 중요한 것은 변화의 구체적인 방향과 방식에 단위 학교 구성원들의 의사가 반영되어야 한다는 점이다. 그러므로 여기서는 역량 기반 교육을 실시하는 국내외 사례 학교로부터 얻은 시사점과 앞 절에서 논의한 기독교적 핵심 역량들을 고려하여 역량 기반 교육을 기독 교학교에서 실천할 수 있는 한 방안을 소개하고자 한다. 기독교학교에서 역량 기반 교육을 계획할 때 현재 일부의 기독교학교에서 실천하고 있는 교육활동들도 도움이 될 것이다.

1. 핵심 역량에 대한 탐구

역량 기반 교육을 기독교학교에서 실시하기 위해서는 가장 먼저 학교 에서 기르고자 목표로 하는 학생들의 핵심 역량을 도출하는 작업이 우선 되어야 한다. 앞장에서 필자가 제시한 네 가지 기독교적 핵심 역량인 영 적 감수성, 다문화 감수성, 공동체 역량, 정의·평화 감수성이 하나의 모델 이 될 수 있다. 그러나 모든 기독교학교들이 이를 그대로 따를 필요는 없 다. 이미 일부의 기독교학교에서는 학교교육의 목표 속에 학교가 추구하 는 핵심 역량이 함축되어 있는 경우도 있다. 예를 들면, 오랜 역사를 지닌 기독교학교인 P고등학교는 기독교 신앙심, 사랑의 실천력, 민주 정신, 진 취적 사고력, 창조적 사고력, 국제적 감각 등을 중요한 역량으로 보고 있 다. 또 다른 기독교학교인 D고등학교는 기독교적 자아정체감, 창의인성, 자기주도 학습 능력, 인간관계 능력, 근면·성실·협동·봉사의 덕성을 중요 한 역량으로 제시하고 있다. 기독교대안학교로서 오랜 역사를 지닌 P학교 는 지식의 실천력, 공동체 역량, 평등의식, 생명에 대한 존중심, 국제적 감 각 등을 중요한 역량으로 추구한다. 다른 기독교대안학교인 D학교는 영 성, 지성, 활력이 넘치는 체력, 따뜻한 감성, 타인을 먼저 생각하는 관계성 등을 학교 교육의 목표로 삼고 있다. 이들 기독교학교가 제시하고 있는 역량들 대부분은 앞에서 소개한 세 가지 범주 즉 지적 역량, 개인적 역량, 사회적 역량에 포함될 수 있다. 그런데 기독교 신앙과 관련된 일부의 역량들은 영적 역량이라는 새로운 범주를 만들어 포함시키는 것이 좋을 듯하다.[3] 여기서 소개한 기독교적 핵심 역량들을 정리하면 〈표 4-9〉와 같이 된다.

〈표 4-9〉 기독교적 핵심 역량의 사례

	강영택	P고등학교	D고등학교	P학교	D학교
영적 역량	영적 감수성	기독교적 신앙심	기독교적 자아정체감	기독교적 생태감수성	영성
지적 역량		진취적 사고력 창조적 사고력	자기주도학습 능력 창의인성		지성
개인적 역량	다문화 감수성	사랑의 실천력	근면·성실·협동· 봉사의 덕성	지식의 실천력 평등의식	따뜻한 감성 활력 있는 체력
사회적 역량	정의·평화 감수성 공동체 역량	민주 정신 국제적 감각	인간관계 능력	공동체역량 국제적 감각	타인을 생각하는 관계성

기독교학교에서 각 학교가 추구하는 핵심 역량을 정할 때는 두 가지 사항들을 고려해야 한다. 먼저 학교의 설립 정신을 토대로 기독교학교로서의 정체감을 나타낼 수 있는 역량이어야 한다. 그리고 두 번째는 (미래) 사회가 기독교학교에 요구하는 기대에 대한 적극적인 대응이 역량에 담겨야 한다. 이처럼 두 가지 사항들을 반영한 핵심 역량을 정했다면 이를 학교의 모든 구성원들이 공유할 수 있도록 토의를 통한 의식의 확산 과정을

---

3 신앙과 관련된 영적 역량은 다른 역량들과 병렬적으로 제시되는 다른 범주라기보다는 지적, 개인적, 사회적 역량들의 기반이 되는 기초 역량으로 볼 수도 있다.

거쳐야 한다. 지금까지 많은 기독교학교들이 좋은 교육목표를 가지고 있으면서도 실제 교육활동에서는 이를 잘 반영하지 못했던 것은 교육목표에 대한 전 구성원들의 이해가 충분하지 못했기 때문이기도 하다. 그러므로 기독교학교에서 역량 기반 교육이 성공하기 위해서는 학교가 추구하는 핵심 역량을 정할 때부터 구성원들 사이에서 충분한 논의를 통한 의식의 공유가 매우 중요하다.

2. 핵심 역량 기반 교육과정의 재구성

학교가 추구하고자 하는 핵심 역량을 구성원들과 협의를 거쳐 정하게 되었다면, 그 다음 단계는 핵심 역량을 반영하여 교육과정을 재구성하는 일이다. 교육과정을 재구성하는 방향은 단위 학교가 교육과정 편성의 자율성을 갖는 정도에 따라 달라질 수 있다. 교육과정 편성과 운영이 비교적 자유로운 기독교대안학교의 경우는 필요에 따라 학교가 정한 핵심 역량을 토대로 기존의 교과지식의 내용과 구조를 큰 폭으로 재구조화할 수도 있다. 반면 교육과정의 편성에 제약이 많은 기독교사립학교의 경우는 교육과정의 대폭적인 변화보다는 교수·학습 과정의 혁신을 통해 역량 기반 교육을 실시하는 것이 나을 수 있다. 이를 좀 더 구체적으로 제시하면 다음과 같다.

먼저 기독교대안학교의 경우는 뉴질랜드나 경기도 학교의 사례처럼 핵심 주제를 중심으로 학습 영역과 역량을 통합한 교육과정을 편성할 수 있다. 앞에서 제시된 사례학교의 경우는 "함께 사는 세상"이라는 주제를 한 학기 동안 공부하는데, 교육목표로 삼은 핵심 역량이 시민 의식과 의사소통이고 이를 위해 국어, 도덕, 사회, 음악, 미술 등의 교과학습을 하게 된다. 이를 기독교대안학교에 적용한다면 '정의로운 사회'를 한 학기의 학습 주제로 선정할 수 있고, 이 학습 주제와 관련된 핵심 역량은 정의평화 감수성, 다문화 감수성, 공동체 역량이 될 수 있다. 이들 핵심 역량을 함양하기 위해 역사, 문학, 미술 등의 교과목의 내용을 구조화하여 공부할 수 있을 것이다. 또한 교육과정을 재구조화할 시 캐나다의 사례처럼 범교과 핵심 역량과 교과학습 사이의 연계와 통합을 중요하게 고려하여야 한다. 기독교대안학교 역시 국어, 영어, 수학, 과학, 사회 등과 같은 일반 교과목들을 가르치지만 이를 단순히 지식습득을 위한 과목으로 보아서는 안 된다. 대신 이들 교과학습을 통해 영적 감수성, 정의·평화 감수성, 다문화 감수성, 공동체 역량 등을 강화하여 실제의 삶에서 생명에 대한 존중과 평화를 실천하고 정의로운 공동체를 만드는 데 참여하는 실천력을 기르는 것을 목표로 삼도록 각 교과목의 내용이 구성되어야 한다.

범교과 핵심 역량과 교과학습이 연계되는 예는 기독교대안학교인 P학교에서 찾아볼 수 있다. P학교는 지식과 실천의 조화를 중요시하여 지식의 실천력을 기르기 위하여 국어, 역사, 수학 등 인문 과목과 유기농업, 원예, 가공, 기계, 목공 등 노작 과목이 균형 잡히도록 교육과정을 편성 운영하고 있다. P학교가 강조하는 역량인 생태적 감수성은 농업과 원예 등의 노작 과목을 통해서 뿐 아니라 성경 과목과 국어교과의 중요한 학습목표이기도 하다. 일본어와 중국어 등의 교과는 단순히 외국어를 배우는 차원을 넘어 평화로운 동북아시아 건설을 위해 동북아의 중간 역할을 감당할 성실한 시민의 자질인 국제적 감각을 배우는 것을 목표로 하고 있다. 또한 학교의 교훈에도 명시되어 있는 공동체 역량과 평등 의식이라는 역량은 활발한 학생자치회 활동과 동아리 활동 그리고 학생 전원이 함께하는 생활관 생활을 통해 함양되고 있다.

국가교육과정을 따라야 하는 기독교사립학교의 경우는 교육과정의 기본구조를 바꾸지 않는 범위 내에서 각 학교가 추구하는 역량을 반영하여 교육과정을 부분적으로 재구성하려는 노력이 필요하다. 이근호 외(2013a)에 따르면 현재 학교에서 사용 중인 2009 개정 국가 교육과정의 '내용체계'와 '내용·성취 기준'에는 각 교과에서 요구되는 핵심 역량들이 어느 정도 반영되어 있다고 한다. 그러므로 기독교사립학교의 경우도 국가 교육과정을 충실히 시행함으로 교육과정에서 목표로 하는 핵심 역량을 강화할 필요가 있다. 단지 국가교육과정에는 각 학교가 추구하는 기독교적 핵심 역량이 반영되지 못했기 때문에 이 부분에 대한 고려가 있어야 한다.

3. 핵심 역량 강화를 위한 교과 외 활동 강화

기독교학교가 핵심 역량 기반 교육을 제대로 하기 위해서는 교육과정의 재구조화 못지않게 적절한 교과 외 활동을 강화하는 것도 매우 중요하다. 예를 들어 P기독교고등학교의 경우 교육과정의 재구조화는 이루어지지 않았지만 학교가 목표로 하는 학생의 역량강화를 위해 다양한 학교 특성화 프로그램을 운영하고 있다. 독서캠프는 독서 골든벨, 영화와 책의 만남, 밤새워 책 읽기 등 독서에 흥미를 주는 다양한 프로그램을 통해 사고력 증진을 목표로 한다. 팀별 토론 대회를 통해서는 논리적 사고력과 소통 능력을 향상시키려 한다. 챌린지 프로그램은 모둠별로 연구주제를 선정하고 관련 교사가 멘토가 되어 1년에 걸쳐 연구과제 프로젝트를 수행하는 것으로 창의적 사고력과 협업 능력을 길러준다. 동아리 포트폴리오 경연대회는 1년간의 동아리 활동과 결과물을 전시 발표하는 과정을 통해 동아리 구성원의 팀워크 능력과 공동체 역량을 기르고자 한다. 영어 토론

대회는 소통 능력과 국제적 감각을 기르는 데 도움을 주려고 한다.

기독교대안학교인 D학교는 교육과정상에는 교과학습과 역량과의 통합과 연계가 긴밀하지 않지만 매우 다양한 교과 외 활동들을 통해 학교가 추구하는 학생역량을 길러 주기 위해 노력하고 있다. 영성 함양을 위해 성경통독캠프, 고간주간 기도회, 단기선교여행 등이 이루어지고, 세상을 변화시키는 실력을 기르기 위한 유명인사 초청토론과 학생들의 연구 과제를 발표하는 솔로몬학술제는 학생들에게 지적 자극을 주는 프로그램들이다. 독서를 중요하게 여기는 이 학교는 중3학생들에게는 책 쓰기 프로그램을, 고2학생들에게는 출판기념회를 갖게 함으로써 지식을 자신의 것으로 내면화시키는 기회를 제공하고 있다. 드림 축제와 문학의 밤 행사를 통하여 학생들의 풍부한 감성을 훈련시키고, 국토사랑행진은 학생들에게 강인한 체력과 끈끈한 동료 의식을 갖게 한다. 타인을 먼저 생각하는 관계성을 위해서 지역공부방 봉사, 독거노인 봉사, 다문화가정 봉사 다양한 봉사활동이 동아리 차원에서 이루어지고 있다.

이처럼 세심하게 개발된 교과 외 교육활동과 프로그램들은 교육과정에서 수용하기 어려운 역량 기반 교육을 수행하기에 효과적일 수 있으므로 기독교학교들은 보다 적극적으로 각 역량에 부합하는 활동을 개발할 필요가 있다.

4. 교수·학습 과정과 평가의 개선

역량 기반 교육을 위해서는 교육과정의 재구성과 함께 교수학습 과정과 평가방법의 개선이 반드시 뒤따라야 한다. 교실에서 이루어지는 교수학습 활동과 평가에 역량 기반 교육이 반영되지 않으면 문서상으로 존재

하는 역량 기반 교육과정은 실제에서 큰 효과를 발휘하지 못한다. 그러
므로 역량 기반 교육이 목표로 하는, 삶의 맥락에서 활용될 수 있는 능력
을 형성하기 위해서 적절한 경험과 맥락을 부여하는 수업과 그에 부합하
는 평가방법이 개발되어야 한다. 2009 개정 국가교육과정에 대한 분석 결
과 이근호 외(2013a)는 핵심 역량이 교육과정의 내용체계에는 대체적으로
포함되어 있지만 교수학습 방법과 평가에는 충분히 반영되어 있지 못함
을 지적하고 있다. 기독교학교에서 역량 기반 교육에 부합하는 교수학습
방법과 평가의 개발은 각 학교 차원에서 실시해야 할 작업이다. 그러므로
여기서는 기독교학교의 교수학습과 평가방법의 개선에 도움이 되는 파커
파머(2006; 2011)의 제안을 제시하고자 한다.

파머는 역량 기반 교육에서 종종 사용하는 주제 중심의 교육활동을 중
요한 교수방법으로 제시한다(Palmer, 2006). 지식을 인간의 삶과 분리된 것
으로 보는 객관주의적 지식관을 토대로 행해지는 지식 전달 중심의 교육
활동은 교육이 이루어지는 교실을 현실과 유리된 공간으로 만들고 개인
주의적이고 경쟁적인 성격으로 만드는 경향이 있다. 반면 주제 중심의 교
육은 교사, 학생, 학습내용이 상호 연결되어 교실을 지식이 실천되는 공
동체적 공간으로 만드는 데 기여할 수 있다고 한다. 주제 중심의 교육이
교사, 학생, 학습 주제 사이의 상호역동적 관계를 중시하여 상호간의 끊
임없는 대화를 통해 실천에의 경향성을 높일 수 있다는 것이다. 주제 중
심의 교육에서는 개방적 질문과 합의가 중요한 교수방법이 된다. 개방적
질문이란 기존 질서에 답을 하는 것이 아니라 그 질서에 질문을 던지는
것이요, 교육내용을 대상으로 보지 않고 인격적 만남을 이루고자 하는 태
도로 질문하는 방식이다(김성실, 2013). 이러한 질문은 교사와 학생들에게
지식을 삶과 관련시켜 자신의 삶의 목적과 의미, 주변 사람들의 고통과

희망과의 관련성을 깊이 성찰하게 한다. 합의는 모순되게 보이는 관점들의 긴장을 유지하게 하고 동의하지 않는 사람들의 말에 귀를 기울이는 법을 배울 수 있는 기회를 제공한다.

파머는 개방적 질문과 합의를 중심으로 교실에서 지식이 실천되는 열린 공간을 창조하고자 한다(Palmer, 2006). 열린 공간이란 실재에 대한 열린 마음과 생각이 마음껏 발휘되는 공간이고, 실재에 대해 서로 나누고 실재를 사랑하고 실재에 대한 신비를 발견하기 위해 서로가 가르치고 배우는 장소이다(김성실, 2013, 231). 교실에서 열린 공간을 만드는 데 다양성과 차이를 존중하는 환대가 중요한 원리가 된다. 배움에서 환대란 서로가 서로의 생각을 개방적이고 주의 깊게 받아들인다는 의미다. 환대가 있는 교실은 "낯선 지식을 맞이하는 공간이며 낯선 이들과 함께하는 여행"과도 같다(김성실, 2013, 232). 파머는 열린 공간을 창조하는 데 환대와 함께 역설적인 가르침이 중요하다고 한다(Palmer, 2011). 역설적인 가르침은 서로 모순되게 보이는 양자를 분리하여 한쪽으로 치우치는 것이 아니라 상호 연결하는 가르침이다. 그러므로 이는 창조적 긴장 가운데 모순이 역설로 바뀔 때까지 기다리는 인내의 가르침이 된다.

파머가 강조하는 주제 중심의 교육과 열린 공간을 창조하는 교육은 기독교학교에서 역량 기반 교육을 위해 실천 가능한 방안이기도 하다. 열린 공간으로서의 교실에서 주제중심의 수업을 실현하기 위해서는 먼저 교사가 진리를 탐구하는 자로서의 구도적 자세와 학생들의 다양한 의견을 수용할 수 있는 환대의 태도를 가져야 한다. 이에 덧붙여 교사는 수업에서 다루는 지식과 삶과의 관련성에 대해 끊임없이 숙고하고 학생들과 함께 지식을 실천을 할 수 있도록 반성적 실천가(reflective practitioner)로서의 자질을 갖추어야 한다.

평가 방식은 역량 기반 교육과정의 성공 여부에 절대적인 영향을 미친
다. 캐나다 퀘벡 주의 경우 역량 기반 교육의 실시 초기에 교육청 단위로
핵심 역량을 평가할 수 있는 지표를 개발하여 학교 현장에 제공하였다(홍
원표·이근호, 2011). 각 학교에서는 이 지표를 참조하여 다양한 평가방식을
만들어 사용하였다. 예를 들어, 몬트리올 외곽에 있는 클리어포인트초등
학교 5학년의 경우 문제해결력의 시험으로 세계지도와 여러 가지 조건을
제시하고 "세계여행을 하는데 가장 좋은 경로를 만들어 보라"라는 문항을
출제하였다. 이 문제를 해결하기 위해서는 지도의 거리를 실제 거리로 바
꿀 수 있는 능력, 정확한 계산 능력, 각 대륙과 국가의 문화에 대한 이해가
동시에 필요하다. 이런 평가문항은 문제해결력 뿐 아니라 정보활용력, 창
의력, 효과적인 방법의 활용 등의 다양한 역량을 평가할 수 있다.

기독교학교에서 역량 기반 교육을 실시하기 위해서는 이에 부합하는
평가방법이 개발되어야 한다. 기독교학교가 추구하는 역량인 다문화 감
수성, 평화 감수성, 공동체 역량 등은 각 분야에서 이미 개발된 평가 관련
지표들이 있기 때문에 이를 기독교 신앙의 관점에서 일부 수정하여 사용
하면 될 것이다. 구체적인 평가는 학교의 사정에 맞게 수행평가, 서술형
평가, 성장참조형 과정 평가, 자기 평가, 동료 평가, 반성 일지 등의 방법
들을 다양하게 활용할 수 있다.

5. 행정 지원 시스템 구축

기독교학교에서 역량 기반 교육을 다른 학교들에 앞서 선도적으로 실
시하기 위해서는 이를 체계적으로 지원할 수 있는 행정 시스템이 필요하
다. 개별 학교 차원에서의 행정 지원 시스템과 기독교학교 연합회 차원

그리고 교계차원에서의 지원시스템이 동시에 요구된다. 먼저 개별학교 차원에서는 무엇보다 역량 기반 교육의 실천을 주도해 나갈 행정 조직이 필요하다. 이 행정 조직은 뉴질랜드의 예처럼 학교에 교육과정연구팀을 만들어 그 팀으로 하여금 집중적으로 학교가 추구할 핵심 역량을 연구하고 그에 부합하는 교육과정을 개발하도록 학교가 지원하는 형태가 될 것이다. 연구팀은 개발한 내용을 정기적으로 학교의 다른 구성원들과 공유할 수 있는 장을 마련해야 한다. 그리고 역량 기반 교육의 실시가 성공하는지의 여부는 이에 대한 전 교원들의 지식 정도와 의지 여부와 밀접하게 관계되므로 교원들을 대상으로 한 전문성 개발이 매우 중요하다.

교사들의 전문성 개발을 위해서는 사토마나부(2006)가 제안한 수업연구회 혹은 배움의 공동체에 대한 아이디어가 도움을 줄 수 있다. 역량 기반 교육을 위한 교육과정에 기초한 교수방법과 평가는 현재 많은 교사들에게는 새로운 것이므로 개념에 대한 충분한 이해를 가져야 하고 그 위에 적절한 운영방식을 개발할 필요가 있다. 그러나 그 방식은 외부의 전문가 혹은 정책 당국자에 의해 전달되는 형식이 아니라 개별학교 단위에서 교사들을 중심으로 한 자발적인 연구회 모임이 결성되도록 지원하는 방식이 효과적일 것이다. 역량 기반 교육에 대한 이해가 충분한 사람이 지식적인 면에서 도움을 주되 연구회 모임은 자체 교사들 중심으로 운영하는 것이 좋다. 연구회 모임에서 해야 하는 중요한 일은 협의와 동료 장학을 통해 교수방법과 평가방법을 개발하고 이를 실제 수업현장에서 실천한 후 지속적으로 개선해가는 작업이다. 이런 수업연구회 활동을 통해 교사들이 반성적 실천가로서의 역량을 함양하도록 도와주어야 한다. 교사는 교육활동을 하는 교실현장에서 자신이 가르치는 지식이 과연 어떤 의미가 있는지, 자신이 가르치는 방법이 학생들에게 타당한지 끊임없이 성찰하는 점에서 전문가가 되어야 한다. 그리고 나아가 교사는 교실과 교실 밖 사회에서 지식을 어떻게 실천할지에 대해 끊임없이 탐구하며 실천을 시도하는 실천가가 되어야 한다.

기독교학교 연합회 차원에서는 기독교학교에서 역량 기반 교육이 잘 정착할 수 있도록 교사들을 위한 전문성 개발을 지원하는 것이 중요하다. 각 기독교학교의 교육과정개발팀 소속 교사들 대상으로 워크숍을 개최하여 역량 기반 교육에 대한 정확한 개념 이해와 역량 기반 교육과정 개발의 방안, 교수방법과 평가에 대한 심도 깊은 논의를 하게 하는 것이 중요하다. 또한 각 단위학교에서 운영되는 수업연구회를 지원할 수 있는 전문적 인력을 파견하는 일도 연합회 차원에서 해야 할 일이다.

기독교계 차원에서 지원해야 할 부분은 무엇보다 대학들 특히 기독교대학들의 입시정책이 변하도록 영향력을 행사하는 일이다. 대학의 입시정책이 중고등교육에 막대한 영향을 주는 우리 사회에서 대학이 이전처럼 지식 중심의 신입생 선발방침을 바꾸지 않는 한 중고등학교에서 역량 기반 교육이 뿌리를 내리기는 어렵다. 역량 기반 교육이란 건강한 미래 사회에 필요한 능력을 갖춘 인재를 기르자는 취지이므로 대학에서도 입시기준을 바꾸지 않을 이유가 없다. 특히 기독교계가 운영하거나 영향을 미칠 수 있는 기독교 대학에서 먼저 학생들의 역량을 중요하게 평가하는 입시정책을 채용하면 기독교학교들에서 보다 적극적으로 역량 중심의 교육을 실천할 수 있을 것이다. 나아가 기독교계는 대학입시 뿐 아니라 기업체나 언론사, 방송사 등 다양한 기독교 기관들에서 신입사원을 채용할 때 기존의 학력이나 외적 조건을 보는 대신 현대사회에서 필요로 하는 역량을 고려하도록 영향력을 행사한다면 기독교학교의 교육정상화에 크게 기여하는 것이 될 것이다.

V. 나가는 말

구한말과 일제강점기 하에서 우리나라의 기독교학교들은 시대적 사명을 감당하는 인재를 양성하기 위해 최선을 다하였다. 그 결과 기독교학교의 졸업생들은 다양한 분야에서 리더십을 발휘하며 민족의 독립과 사회의 재건을 위해 헌신하는 모습을 보여 주었다. 즉 당대 사회가 필요로 했던 실천적 인재를 양성했던 것이다. 오늘날 우리 사회와 교회 역시 기독교학교에 대해 요구하고 기대하는 바가 있다. 그 요구와 기대에 부응하기 위해서는 기독교학교가 지금의 교육 현실에 대한 깊은 성찰이 필요하고 이를 토대로 새로운 과제를 모색하고 수행해야 할 것이다. 기독교학교가 새로운 과제를 설정하는 데 역량 기반 교육은 유용한 하나의 기준을 제공할 수 있다. 역량 기반 교육은 세계의 많은 나라들이 기존의 교과 중심 교육의 한계를 타개할 목적으로 교육개혁의 중요한 방향으로 삼고 있다. 더구나 지식의 상황적, 맥락적 활용을 교육목표로 하는 역량 기반 교육은 지식의 실천성을 중요한 특성으로 삼는 기독교 교육과 많은 점을 공유한다고 할 수 있다.

그러나 역량 기반 교육을 기독교학교에서 활용하기 위해서는 기독교적 관점에서의 변화가 필요하다. 이 장에서는 사회가 요구하는 핵심 역량 외에 기독교적 핵심 역량을 고찰하였고, 이를 반영한 교육활동 방안을 제시하였다. 그 방안에는 교육과정 재구조화를 위한 노력, 교과 외 교육활동 강화, 교수학습 과정과 평가의 개선, 행정지원 시스템 구축 등이 포함되어 있다. 역량 기반 교육을 기독교학교에서 성공적으로 수행하기 위해서는 학교구성원들이 현 교육에 대한 변화의 필요성을 느끼고 소망하는 사회에 대한 열망과 그 사회에 필요한 역량에 대한 생각을 공유하는 것이 중요하다. 또한 기독교학교는 가르치고 배우는 지식이 먼저 치열하게 실천되는 공간이 되어야 한다.

　기독교학교는 역량 기반 교육이 성공적으로 실시될 가능성이 높은 학교이다. 기독교학교가 실시하고자 하는 기독교 교육이 본질상 지식의 실천성을 강조하고 있을 뿐 아니라 오래전 사회의 시대적 과업을 충실하게 수행한 실천적 인재들을 양성했던 전통을 가지고 있기 때문이다. 세심하게 계획된 기독교적 역량중심교육을 통해 기독교학교가 우리 사회의 건강한 미래를 열어갈 수 있기를 기대하는 바이다.

참고 문헌

강영택(2009). "학교공동체의 기독교적 모형에 대한 연구". 「기독교 교육
       정보 24집」. 255-279.

강영택(2013). "기독교학교의 사명과 공공성". 「신앙과 학문」 18(4). 7-31.

광주광역시 교육청(2013). "미래 핵심 역량을 기르는 학교교육력 제고 사
       업 매뉴얼".

김성실(2013). "파커 팔머의 진리공동체의 교육적 적용". 「기독교 교육정
       보」 37집. 201-241.

박상진(2004). 『기독교 교육과정 탐구』. 서울: 장로회신학대학출판부.

박은숙(2013). "대학에서의 기독교역량 교육모형 개발 및 적용". 「기독교
       교육정보」 37집. 93-121.

사토마나부(2006). 『수업이 바뀌면 학교가 바뀐다』. 서울: 에듀케어.

소경희(2007). "학교교육의 맥락에서 본 역량의 의미와 교육과정적 함의".
       「교육과정연구」 25(3). 1-21.

소경희·이상은·이정화·허효인(2010). "뉴질랜드 교육과정 개혁 동향: 핵심
       역량 중심 교육과정의 실천 사례". 「비교교육연구」 20(2). 27-50.

손원영(2007). "기독교학교에서의 기독교 교육의 진단과 평가 그리고 새
       방향". 「기독교학교교육 6집」. 48-74.

송경오, 박민정(2007). "역량기반 교육개혁의 특징과 적용가능성 탐색".
       「한국교육」 34(4). 155-182.

윤현진, 이광우, 김영준, 전제철(2007). 「미래 한국인의 핵심 역량 증진을

위한 초·중등학교 교육과정 비전 연구(Ⅰ): 핵심 역량 준거와 영
　역 설정을 중심으로 (RRC2007-1)」. 서울: 한국교육과정평가원.

이광우, 민용성, 전제철, 김미영, 김혜진(2008).「미래 한국인의 핵심 역량
　증진을 위한 초·중등학교 교육과정 비전 연구(Ⅱ): 핵심 역량 영
　역별 하위 요소 설정을 중심으로 (연구보고 RRC 2008-7-1)」. 서울:
　한국교육과정평가원.

이광우, 전제철, 허경철, 홍원표, 김문숙(2009).「미래 한국인의 핵심 역량
　증진을 위한 초중등학교 교육과정 설계 방안 연구: 총괄 보고서
　(RRC 2009-10-1)」. 서울: 한국교육과정평가원.

이근호, 곽영순, 이승미, 최정순(2012).「미래 사회 대비 핵심 역량 함양을
　위한 국가 교육과정 구상(연구보고 RRC 2012-4)」. 서울: 한국교육과
　정평가원.

이근호 외(2013a).「미래 핵심 역량 계발을 위한 교과 교육과정 탐색: 교육
　과정. 교수·학습 및 교육평가 연계를 중심으로」. 한국교육과정평
　가원 연구보고서.

이근호, 이광우, 박지만, 박민정(2013b).「핵심 역량 중심의 교육과정 재구
　조화 방안 연구」. 한국교육과정평가원 연구보고서.

이인제(2013). "핵심 역량 계발을 위한 국어과 교육과정 개선 방향. 핵심
　역량 계발을 위한 교과 교육과정 및 교수·학습/교육 평가 개선
　방안 탐색 세미나". 81-143. 한국교육과정평가원 연구자료 ORM
　2013-79.

이효성, 이용환(2011). "국내외 역량기반 교유과정 사례분석 및 시사점".
　「교육연구」34집. 17-35.

한철희(2004). "신앙교육을 위한 지식의 암묵적 내주성 고찰: 마이클 폴라

니의 인식론과 파커 팔머의 영성교육을 중심으로". 「한국기독교
신학논총」 31집. 399-428.

홍원표·이근호(2011). "역량 기반 교육과정의 현장 적용 방안 연구; 캐나다
퀘벡의 사례를 중심으로". 「교육과정연구」 29(1). 67-86.

후쿠다세이지(2006). 『핀란드 교육의 성공』. 서울: 북스힐.

D기독교고등학교 홈페이지 www.dgh.hs.kr

D학교 홈페이지 www.dreamschool.or.kr

OECD(2003). *The definition and selection of key competencies: Executive summary.*

Palmer, P.(1993). *To know as we are known.* 이종태 역. 『가르침과 배움의 영성』. 서울: IVP.

Palmer, P.(2006). *The Promise of Paradox.* 김명희 역. 『가르침』. 서울: 아바서원.

Palmer, P.(2011). *Healing the Heart of Democracy* 김찬호 역. 『비통한 자를 위한 정치학』. 서울: 글항아리.

Spencer, L. & Spencer, S.(1993). *Competence at work: Models for superior performance.* New York: John Wiley & Sons.

P기독교고등학교 홈페이지 www.paichai.hs.kr

P학교 홈페이지 www.poolmoo.or.kr

Van Brummelen, H.(1994). *Steppingstones to Curriculum: A Biblical Path.* Washington: AVCP.

Wolterstorff, N.(2002). *Educating for LIfe.* Grand Rapids. MI: Baker.

인구통계 전망에 따른 기독교학교의 미래 분석 설문지

기독교학교 미래 전망(실태)

안녕하십니까? 기독교학교교육연구소에서는 '기독교학교 미래 전망' 연구 가운데 '인구변화에 따른 기독교학교 미래'에 대해 연구하고 있습니다. 향후 기독교인 학령인구 변화와 기독교학교에 대한 지원율 변화는 기독교학교의 미래에 중요한 영향을 미칠 것입니다. 본 설문조사는 지금까지 기독교학교의 학생 수 변화와 지원 현황을 분석하고 이를 기초로 건강한 기독교학교의 미래를 설계하기 위한 것입니다. 바쁘시더라도 성실히 답변해 주시면 감사하겠습니다. 이 설문조사는 연구 목적 이외에는 사용되지 않을 것을 약속드립니다.

기독교학교교육연구소
소장 박상진 드림

○ 본 조사와 관련하여 문의하실 사항이 있으시면 아래로 연락 주시길 바랍니다.
기독교학교교육연구소 김지현 연구원 02) 6458-3456, cserc@daum.net

■ 학생 수 변화 추이를 예측하기 위한 설문입니다. 초등, 중, 고등학교를 표시하고, 최근 10년 간의 지원자 수, 학생 정원, 학생 수를 빈칸에 적어 주시기 바랍니다. (매해 4월 기준)
※ 개교한지 10년 미만인 학교는 개교 이후 해당되는 해만 입력하시면 됩니다.
※ 초중고 통합학교는 각각 학교별로 표시해 주시기 바랍니다.

		2005		2006		2007		2008		2009		2010		2011		2012		2013		2014	
초등학교 □	정원																				
	지원자 수																				
	재학생 수																				
	재학생 남녀 수	남	여	남	여	남	여	남	여	남	여	남	여	남	여	남	여	남	여	남	여
		2005		2006		2007		2008		2009		2010		2011		2012		2013		2014	
중학교 □	정원																				
	지원자 수																				
	재학생 수																				
	재학생 남녀 수	남	여	남	여	남	여	남	여	남	여	남	여	남	여	남	여	남	여	남	여
		2005		2006		2007		2008		2009		2010		2011		2012		2013		2014	
고등학교 □	정원																				
	지원자 수																				
	재학생 수																				
	재학생 남녀 수	남	여	남	여	남	여	남	여	남	여	남	여	남	여	남	여	남	여	남	여

■ 다음은 학교 기초사항에 관한 질문입니다. 다음 질문에 해당하는 번호에 ∨표해 주시거나, 빈칸에 적어 주시기 바랍니다.

1. 학교 지역

① 서울특별시   ② 세종특별시   ③ 인천광역시
④ 대전광역시   ⑤ 광주광역시   ⑥ 대구광역시
⑦ 울산광역시   ⑧ 부산광역시   ⑨ 경기도
⑩ 강원도   ⑪ 충청북도   ⑫ 충청남도
⑬ 전라북도   ⑭ 전라남도   ⑮ 경상북도
⑯ 경상남도   ⑰ 제주특별자치도

2. 학교급 (중복체크 가능합니다)

① 초등학교   ② 중학교   ③ 고등학교

3. 학교 분류

① 사립초등학교   ② 일반고
④ 특성화(대안)   ③ 자사고 (전환 년도_____ 년)
⑤ 대안학교(각종학교)   ⑥ 미인가 학교
   (인가년도_____ 년)

4. 학교의 개교년도   _____ 년

5. 응답자 직위

① 교장   ② 교감   ③ 교목
④ 행정실장   ⑤ 입학업무담당자   ⑥ 교사

설문에 성실히 응답해 주셔서 감사합니다.

기독교학교 미래 전망(인식)

안녕하십니까? 기독교학교교육연구소에서는 '기독교학교 미래 전망' 연구 가운데 '인구변화에 따른 기독교학교 미래'에 대해 연구하고 있습니다. 향후 기독교인 학령인구 변화와 기독교학교에 대한 지원율 변화는 기독교학교의 미래에 중요한 영향을 미칠 것입니다. 본 설문조사는 지금까지 기독교학교의 학생 수 변화와 지원 현황을 분석하고 이를 기초로 건강한 기독교학교의 미래를 설계하기 위한 것입니다. 바쁘시더라도 성실히 답변해 주시면 감사하겠습니다. 이 설문조사는 연구 목적 이외에는 사용되지 않을 것을 약속드립니다.

기독교학교교육연구소

소장 박상진 드림

○ 본 조사와 관련하여 문의하실 사항이 있으시면 아래로 연락 주시길 바랍니다.
기독교학교교육연구소 김지현 연구원 02) 6458-3456, cserc@daum.net

■ 학령인구 수 변화에 따른 인식에 대한 설문입니다. 다음 질문을 읽고 해당하는 번호에 ∨표해 주시기 바랍니다.

1. 기독교학교의 학령인구 변화에 따른 미래를 위한 **종합대책**이 필요하다고 보십니까?

전혀 관심 없다		← 보통이다 →			매우 관심 있다	
①	②	③	④	⑤	⑥	⑦

2. 귀 학교는 **학생 충원**에 대해 관심 있습니까?

전혀 관심 없다		← 보통이다 →			매우 관심 있다	
①	②	③	④	⑤	⑥	⑦

3. 귀 학교는 **학생 충원**에 대한 변화를 느끼고 있습니까?

갈수록 충원이 어려워진다		← 변화없다 →			갈수록 충원이 쉬워진다	
①	②	③	④	⑤	⑥	⑦

4. 귀 학교는 학생 **지원자 추이**를 어떻게 전망합니까?

지원자가 **급감할 것이다**		현재 수준을 ← **유지**할 것이다 →		지원자가 **증가**할 것이다		
①	②	③	④	⑤	⑥	⑦

5. 귀 학교가 느끼기에 **현재** 학생 충원에 있어서 **가장 어려운 점**은 무엇입니까?
   아래 응답 중 **한 가지**를 선택해 주시기 바랍니다.

   ① 학령인구 수 감소   ② 학교 간 경쟁
   ③ 학교의 인지도   ④ 진로진학에 불리
   ⑤ 기독교학교에 대한 부정적 인식   ⑥ 학비에 대한 부담감

6. 귀 학교가 느끼기에 **미래**의 학생 충원에 있어서 **가장 어려운 점**은 무엇일거라 예상합니까?
   아래 응답 중 **한 가지**를 선택해 주시기 바랍니다.

   ① 학령인구 수 감소   ② 학교 간 경쟁
   ③ 학교의 인지도   ④ 진로진학에 불리
   ⑤ 기독교학교에 대한 부정적 인식   ⑥ 학비에 대한 부담감

7. 귀 학교가 느끼기에 **현재** 학생 충원에 있어서 **가장 긍정적 요인**은 무엇입니까?
   아래 응답 중 **한 가지**만 선택해 주시기 바랍니다.

   ① 학교의 인지도   ② 학교 위치
   ③ 교육의 수준(교육과정, 교사)   ④ 진로진학에 유리
   ⑤ 기독교교육의 필요성   ⑥ 대안교육의 필요성(탈입시 위주 교육)

8. 귀 학교가 느끼기에 **미래**의 학생 충원에 있어서 **가장 긍정적 요인**은 무엇일거라 예상하십니까?
   아래 응답 중 **한 가지**만 선택해 주시기 바랍니다.

   ① 학교의 인지도   ② 학교 위치
   ③ 교육의 수준(교육과정, 교사)   ④ 진로진학에 유리
   ⑤ 기독교교육의 필요성   ⑥ 대안교육의 필요성(탈입시 위주 교육)

9. 귀 학교는 학생 충원에 있어서 **다른 기독교학교와 경쟁**하고 있습니까?

① 심각한 경쟁 관계에 있다.　　② 약간의 경쟁 관계가 있다.

③ 경쟁 관계가 없는 편이다.　　④ 경쟁 관계가 전혀 없다.

10. 기독교학교 간의 학생모집 **경쟁을 완화**하기 위한 가장 바람직한 방법은 무엇이라고 생각하십니까?

아래 응답 중 **두 개까지** 선택하며, 기타의견이 있다면 아래 써 주시기 바랍니다.

① 인구 수 변화를 반영한 정원조정　　② 학교의 특성화 강화로 차별화

③ 지역별, 유형별 학교 간 친교강화　　④ 지역별, 유형별 학교 간 공동모집

⑤ 연합기관에서 정원 수 조정　　⑥ 경쟁 관계 유지

기타 의견: _____

11. 기독교학교의 학령인구 감소에 따른 가장 바람직한 미래 종합대책은 무엇이라고 생각하십니까?

아래 응답 중 두 개까지 선택하며, 기타의견이 있다면 아래에 써 주시기 바랍니다.

① 학급당 학생 정원 감축　　② 교원 감축

③ 학교 간 통합　　④ 교육의 질 강화(교육과정, 교사)

⑤ 다양한 교육대상 발굴　　⑥ 기독교학교에 대한 긍정적 인식 확산

기타 의견: _____

■ 귀 학교에 대한 학생의 인식을 알아보기 위한 설문입니다. 다음 질문을 학생에게 묻고 그 답변에 해당하는 번호에 ∨표해 주시기 바랍니다.

[주의사항] 설문응답의 공정을 기하기 위해 응답학생을 임의로 정해 드립니다.
설문지를 받고 **처음 들어가는** 교실에서 **출석번호(가나다 순)** 3번인 학생에게 다음 질문을 묻고 그 응답을 기재해 주시기 바랍니다.

12. 학생은 학교에 입학하기 전 학교에 대한 기대가 어떠했습니까? 점수로 표현해 보세요(1~7).

전혀 **기대하지 않았다**	←	**보통이다**	→		무척 **기대했었다**	
①	②	③	④	⑤	⑥	⑦

13. 학생은 지금 **현재 다니는** 학교에 대해 **만족하고** 있습니까? 점수로 표현해 보세요(1~7).

전혀 **만족하지 않는다**	←	**보통이다**	→		**무척** **만족한다**	
①	②	③	④	⑤	⑥	⑦

14. 응답한 학생의 성별과 학급은 무엇입니까?

성별	① 남학생	② 여학생	
학급	① 초등학생	② 중학생	③ 고등학생

■ 다음은 기초 인적사항에 관한 질문입니다. 다음 질문에 해당하는 번호에 ∨표해 주시거나, 빈칸에 적어 주시기 바랍니다.

15. 성별

① 남자   ② 여자

16. 재직 학교급

① 초등학교   ② 중학교   ③ 고등학교

17. 직위

① 교장   ② 교감   ③ 교목
④ 행정실장   ⑤ 부장교사   ⑥ 교사

19. 교직경력 _____ 년

설문에 성실히 응답해 주셔서 감사합니다.

기독교학교교육연구신서는 기독교학교교육연구소의 연구 활동을 한국 교회와 기독교 교육현장 실무자들이 공유할 수 있도록 돕기 위해 기획되었습니다. 신서에 관한 보다 자세한 내용은 기독교학교교육연구소로 문의해 주시기 바랍니다.

홈페이지: cserc.or.kr / 전자우편: cserc@daum.net / 전화번호: 02-6458-3456

1. 기독교학교교육론

'하나님의 교육'은 고통이 아닌 축복이요 감격이며, 교육의 영역에서 하나님 나라를 확장하는 것이 바로 기독교학교교육의 목적이요 비전이다. 이 책을 통해 교육의 영역에서 하나님 나라를 이루기 위해 우리가 무엇을 해야 할지를 안내받을 수 있을 것이다.

2. 평양대부흥운동과 기독교학교

기독교학교의 부흥을 원한다면 처음으로 돌아가 회개로부터 시작해야 한다. 이 책은 한국 기독교학교의 현실을 진단하고, 평양대부흥운동과 초기 기독교학교의 부흥에 어떠한 연관성이 있는지 모색하고 있다.

3. 희망을 심는 교육 기독교대안학교 가이드

사람이 하나님을 만나 자신의 온전한 모습, 참된 인간의 모습을 회복하면 다른 사람과의 관계, 자기 주변의 자연과의 관계도 올바르게 변화된다. '천하보다 귀한 한 영혼'을 온전한 사람으로 성장시키려는 한국 기독교대안학교를 들여다본다.

4. 입시에 대한 기독교적 이해

교회 안에서조차 성경적인 교육이 아니라 입시 위주의 문화가
팽배한 시점에서 이 책은 입시가 기독교의 주제인지 아니면 일
반교육의 주제인지 심도 있게 분석하고 입시에 대한 기독교적
인 대안이 무엇인지 모색해 본다.

5. 입시에 대한 기독교적 대응

그리스도인이면서 부모인 사람은 많지만, 진정한 그리스도인 부모
는 많지 않은 것이 오늘의 현실이다. 이 책을 읽는 모든 이들이 교
육 고통에 대해 애통하는 마음을 갖고, 입시에 대한 하나님의 뜻을
깨닫고 이를 실천하는 통로가 될 수 있기를 바란다.

6. 한국 기독교학교교육운동

이 땅의 아이들을 향하여 다양한 형태의 기독교 교육운동이 일
어나고 있는 것은 하나님의 사랑의 선물이자 축복의 손길이다.
이 책을 통하여 한국의 기독교학교교육운동이 어떤 방향을 향
하여 나아가고 있는지 가늠할 수 있을 것이다.

7. 기독교대안학교의 교육성과를 말하다

이 책은 각 기독교대안학교들의 교육적 노력과 효과를 판단할
수 있는 근거를 제시하고 개선의 기준을 제공하며, 기독교대안
학교의 노력이 올바른 방향으로 나아가고 있는지를 점검하고
수정, 보완할 수 있는 기회를 제공한다.

8. 기독교대안학교 가이드

이 책은 객관적이고 종합적인 정보를 수집하여 기독교대안학교의 현주소를 평가할 뿐 아니라 앞으로 나아갈 방향을 제시하고 있다.

9. 기독교학교 리더를 만나다

이 책은 기독교학교를 설립해서 운영하고 있는 기독교학교 리더 9명을 만나 기독교학교의 법적 인가 문제, 학교 운영의 실제 등 7가지 주제에 대한 궁금증을 속시원히 밝히며 현장에서 경험한 살아 있는 원리를 소개한다.

10. 기독교학교, 역사에 길을 묻다

이 책은 기독교학교의 뿌리를 발견하게 해 주며, 오늘의 기독교학교가 믿음의 선배들의 헌신 위에 세워진 학교임을 깨닫도록 한다. 기독교학교에 몸담고 있는 사람들은 반드시 읽어야 할 필독서이다.

11. 기독교학교와 교회

이 책은 기독교학교와 교회의 관계를 바르게 파악할 수 있는 네 가지 접근방식으로 구성되어 있다. 그것을 토대로 어떤 식으로든 관계를 맺을 수밖에 없는 기독교학교와 교회가 과연 어떤 관계를 맺어야 하는지에 대한 통찰을 얻을 수 있을 것이다.

12. 기독교학교의 공공성

최근 기독교학교와 관련하여 논의되는 핵심 이슈는 하나님의 나라가 구현되어야 할 세상에 대해 그 책임을 다하는 공공성이다. 이 책은 기독교학교가 반드시 갖추어야 할 공공성에 대해 본격적으로 논의한 최초의 책으로서, 신앙의 자율성과 공공성의 조화와 균형을 이루는 건강한 기독교학교로 나아가는 바른 길을 제시한다.